Josef F. Justen

**Die zwei
Jesusknaben
und ihr Heranreifen
zum
Christus-Ich**

*In Jesus trat der Christus
als Mensch in die Erdenwelt.
Jesu Geburt auf Erden
ist eine Wirkung des Heiligen Geistes,
der um die Sündenkrankheit
an dem Leiblichen der Menschheit
geistig zu heilen, den Sohn der Maria
zur Hülle des Christus bereitete.*

Rudolf Steiner[1]

Josef F. Justen

Die zwei Jesusknaben und ihr Heranreifen zum Christus-Träger

Bibliografische Information der Deutschen Nationalbibliothek:
Die Deutsche Nationalbibliothek verzeichnet diese Publikation
in der Deutschen Nationalbibliografie; detaillierte bibliografische
Daten sind im Internet über dnb.dnb.de abrufbar.

© 2020 Justen, Josef F.

Coverfotos: © Foto auf pixabay

Herstellung und Verlag:
BoD – Books on Demand, Norderstedt

ISBN: 9783752627459

Inhaltsverzeichnis

	Vorwort	6
1	Geburt und frühe Kindheit Jesu – 1. Schilderung	7
2	Geburt und frühe Kindheit Jesu – 2. Schilderung	10
3	Ein Vergleich der beiden Schilderungen	13
4	Woher wussten Lukas und Matthäus eigentlich von den Ereignissen, über die sie berichten?	19
5	Die Auflösung der scheinbaren Widersprüche in den beiden Kindheitsschilderungen	22
6	Exkurs: Die Wesensglieder des Menschen	27
7	Der nathanische Jesusknabe	36
8	Der salomonische Jesusknabe	46
9	Jesus von Nazareth	50
10	Die Menschwerdung Christi	66
	Anhang	72
	Quellennachweis	77
	Literaturverzeichnis	79

Vorwort

Wenn man heute über *Jesus von Nazareth* spricht, so sehen die wohl meisten Menschen der Gegenwart in ihm *eine* Persönlichkeit, die zu Beginn unserer Zeitrechnung in Bethlehem geboren wurde und 33 Jahre später den Kreuzestod erlitten hat.

Diese Sichtweise stellt aber – um es freundlich auszudrücken – eine grobe Vereinfachung dar. Im Grunde ist sie sogar völlig falsch.

In der Heiligen Schrift verbergen sich etliche Geheimnisse, deren Enthüllung der Menschheit lange vorenthalten werden musste, weil sie diese noch nicht verstehen und ertragen konnte. Eines dieser vielen Geheimnisse bezieht sich auf den Jesus von Nazareth, der im dreißigsten Lebensjahr zum Träger bzw. zur Hülle des Christus wurde.

Die Zeit des blinden und naiven Glaubens, der in früheren Zeiten noch hinreichend war, ist seit rund hundert Jahren vorbei. Wir müssen uns heute mit all unseren Seelenkräften bemühen, um ein Verständnis für diesen außergewöhnlichen Menschen gewinnen zu können.

Für einige Leser mag es etwas schockierend, vielleicht sogar anstößig sein, im Folgenden zu erfahren, dass in Bethlehem zwei verschiedene Jesusknaben zur Welt kamen. In diesem Buch soll versucht werden darzustellen, wozu es notwendigerweise dieser zwei Jesus-Persönlichkeiten bedurfte, wodurch sie sich unterschieden und was ihre Mission war.

1 Geburt und frühe Kindheit Jesu – 1. Schilderung

In der Stadt Nazareth in Galiläa lebte eine Jungfrau. Ihr Name war *Maria*. Sie war verlobt mit einem Manne namens *Josef*, der aus der priesterlichen Linie des Königshauses *David* stammte. Er war ein Nachkomme von *Nathan*, einem Sohn Davids.

Als Maria im sechsten Monat schwanger war, wurde der Engel Gabriel von Gott zu ihr gesandt. Der Engel erschien der Maria und sprach: *»Sei gegrüßt, du Begnadete. Der Herr ist mit dir.«*[2] Maria war aufgrund dieser erhabenen Erscheinung ganz außer sich und verstand die Worte des Engels nicht.

Da sprach Gabriel: *»Fürchte dich nicht, Maria! Du hast Gnade bei Gott gefunden. Siehe, du wirst schwanger werden und einen Sohn gebären; den sollst du Jesus nennen. Dieser wird groß sein und Sohn des Höchsten genannt werden, und Gott der Herr wird ihm den Thron seines Vaters David geben, und er wird König sein über Jakobs Haus für alle Zeiten, und seines Reiches wird kein Ende sein.«*[3]
Maria verstand die Prophezeiung immer noch nicht, da sie sich nicht bewusst war, jemals mit einem Mann zusammengewesen zu sein. Folglich konnte sie sich nicht erklären, dass sie schwanger war oder werden könnte.

Der Engel gab ihr zur Antwort: *»Der Heilige Geist wird über dich kommen, und die Kraft des Höchsten wird dich überschatten. Daher wird auch das Heilige, das da geboren wird, Gottes Sohn genannt werden.«*[4]
Daraufhin sagte Maria: *»Siehe, ich bin des Herrn Magd; mir geschehe nach deinem Wort.«*[5]

Dann verließ der Engel sie wieder.

In jenen Tagen, als *Quirinus* Statthalter von Syrien war, erging ein Erlass des Kaisers *Augustus*: Alle Bewohner des Reiches sollten sich registrieren lassen. Es war die erste Volkszählung. Alle machten sich auf in ihre Vaterstadt, um sich eintragen zu lassen.

Auch Josef, der aus der Sippe *Davids* stammte, befolgte die Anweisung und zog mit seiner schwangeren Frau nach Bethlehem in Judäa, der Stadt Davids, um sich dort registrieren zu lassen.

Als sie dort angekommen waren, kam für Maria die Stunde ihrer Niederkunft und sie gebar einen Sohn, ihren erstgeborenen. Da die Familie keine Herberge fand, wickelte sie das Kind in Windeln und bettete es in eine Krippe.

In der Gegend waren Hirten auf dem Feld, die bei ihrer Herde Nachtwache hielten. Da erschien ihnen plötzlich ein Engel des Herrn. Die Hirten wurden von mächtiger Furcht ergriffen. Der Engel beruhigte sie und sprach: *»Fürchtet euch nicht! Ich verkündige euch große Freude, die für alle Menschen bestimmt ist.«*[6] Weiter sagte der Engel, dass der Heilbringer in der Stadt Davids geboren sei, und dass sie das neugeborene Kind in Windeln gewickelt in einer Krippe liegend finden werden.

Dann war bei dem Engel plötzlich die Menge der himmlischen Heerscharen, die Gott mit den Worten priesen: *»Geoffenbaret sei Gott in den Höhen und auf Erden Friede unter den Menschen, die eines guten Willens sind.«*[7]

Als die Engelerscheinungen vorüber waren, beschlossen die Hirten, sich sofort auf den Weg nach Bethlehem zu machen, um Zeugen von diesem Ereignis zu werden.

Als sie dort ankamen, fanden sie Maria und Josef sowie das Kind, das in einer Krippe lag. Sie berichteten von den Worten, die der Engel zu ihnen gesprochen hatte und alle, die es hörten, staunten. Dann kehrten die Hirten wieder heim. Sie priesen und lobten Gott für alles, was sie gehört und gesehen hatten.

Als der Knabe acht Tage alt war, musste er nach jüdischem Brauch beschnitten werden. In diesem Zuge wurde ihm der Name *Jesus* gegeben, wie es der Engel Gabriel der Maria aufgetragen hatte.

Vierzig Tage nach der Geburt Jesu waren die Tage der Reinigung erfüllt. Nach jüdischem Gesetz galt eine Mutter nach der Geburt eines Sohnes vierzig und nach der Geburt einer Tochter achtzig Tage als »unrein«. Nach Ablauf dieser Tage musste sie als »Reinigungsopfer« einem Priester im Tempel ein Paar Turteltauben oder zwei junge Tauben übergeben. Da Jesus Marias erstgeborener Sohn war, wurde er nach jüdischer Tradition als Eigentum Gottes angesehen. Somit musste Maria ihn zudem im Tempel symbolisch übergeben bzw. »darbringen«, wo er durch ein Geldopfer ausgelöst werden konnte.

Als Maria und Josef den Jesusknaben gerade in den Tempel hineintrugen, um zu der rituellen Handlung zu schreiten, trat ein alter Mann namens *Simeon* heran. Dieser fromme und gerechte Mann hatte die Weissagung empfangen, dass er nicht eher sterben werde, bis er den Gesalbten des Herrn erblickt habe.

Als dieser das Kind sah, war er ganz entzückt, nahm es in die Arme und pries Gott mit den Worten: *»Nun entlässest du, o Gebieter, deinen Knecht in Frieden, wie du es verheißen. Denn meine Augen haben dein Heil gesehen.«*[8] Dann segnete er Jesu Eltern, die über das, was er sagte, sehr verwundert waren.

Nachdem die Eltern alles nach dem jüdischen Gesetz vollbracht hatten, kehrten sie nach Nazareth zurück.

2 Geburt und frühe Kindheit Jesu – 2. Schilderung

In der Stadt Bethlehem in Judäa lebte in der Zeit des Königs *Herodes* ein Mann namens *Josef*. Er war ein Nachfahre von *Salomon* aus der königlichen Linie des Hauses David. Josef war verlobt mit einer Frau, die den Namen *Maria* trug.

Noch ehe die beiden zusammenzogen, wurde Maria unter dem Walten des Heiligen Geistes schwanger. Josef, der ein gerechter Mann war, wollte Marias Geheimnis nicht dem Gerede der Menschen preisgeben. So beschloss er, sie in Stille zu verlassen.

Da erschien ihm im Traum ein Engel des Herrn und sprach: *»Josef, Sohn Davids, scheue dich nicht, Maria, deine Frau, zu dir zu nehmen; denn das Kind, das sie erwartet, ist unter dem Walten heiligen Geistes empfangen. Sie wird einen Sohn gebären, und du sollst ihm den Namen Jesus geben; denn er ist es, der sein Volk von den Sünden heilen wird.«*[9]
Nachdem Josef aus dem Traum erwachte, befolgte er das Geheiß des Engels. Er nahm seine Frau zu sich in sein Haus. Als Maria dann einen Sohn gebar, gab er ihm den Namen *Jesus*.

Nachdem Jesus geboren war, kamen Priesterweise bzw. Sternenkundige aus dem Morgenland nach Jerusalem. Sie suchten nach dem, der als König der Juden geboren war, um ihm zu huldigen. Sie hatten seinen Stern aufgehen sehen, der sie bis hierher geführt hatte.
Als Herodes davon Kunde erhielt, erschrak er. Er ließ alle Hohenpriester und Schriftgelehrten zusammenkommen, um von ihnen einen Hinweis darauf zu bekommen, wo der Messias geboren wurde. Sie sagten ihm, dass der Messias gemäß dem Wort des Propheten in Bethlehem in Judäa zur Welt kommen werde.

Dann berief Herodes heimlich die Priesterweisen herbei und ließ sich von ihnen genau die Zeit angeben, wann der Stern erschienen war. Anschließend sandte er sie nach Bethlehem und sagte: *»Geht und forscht gründlich nach dem Kinde. Sobald ihr es gefunden habt, erstattet mir Bericht, damit auch ich hingehe und ihm huldige.«*[10]

Daraufhin machten sich die Weisen auf den Weg. Der Stern, den sie im Aufgehen gesehen hatten, zog vor ihnen her, bis er an dem Orte stehenblieb, wo das Kind war.

Es ergriff sie übermächtige Freude. Sie traten in das Haus ein und sahen das Kind mit seiner Mutter. Sie fielen vor ihm nieder und huldigten ihm. Dann öffneten sie ihre Schatzkästen und schenkten dem Kind ihre Gaben: Gold, Weihrauch und Myrrhe.

Im Traum empfingen die Weisen die Aufforderung, nicht zu Herodes zurückzukehren. So zogen sie auf einem anderen Weg zurück in ihr Land.

Als sie weggezogen waren, erschien Josef im Traum wieder der Engel des Herrn und forderte ihn auf: *»Steh auf, nimm das Kind und seine Mutter und fliehe nach Ägypten und bleibe dort, bis ich wieder zu dir spreche; denn Herodes wird nach dem Kinde suchen lassen, um es umzubringen.«*[11]

Josef stand auf und nahm noch in der gleichen Nacht das Kind und seine Mutter und machte sich mit ihnen auf den Weg nach Ägypten.

Als Herodes gewahr wurde, dass die Priesterweisen ihn getäuscht hatten, geriet er in großen Zorn. Er sandte seine Leute aus und befahl ihnen, alle Knaben im Alter von bis zu zwei Jahren in Bethlehem und der ganzen Umgebung zu töten. Dadurch – so glaubte er – würde auch der neugeborene König der Juden, der ihm seinen Thron streitig machen könnte, getötet werden.

Nachdem Herodes gestorben war, erschien Josef in Ägypten erneut der Engel des Herrn im Traum und sprach: *»Steh auf, nimm das Kind und seine Mutter und ziehe in das Land Israel; denn gestorben sind die, welche dem Kind nach dem Leben trachteten.«*[12]

Da stand Josef auf, nahm das Kind und seine Mutter und kehrte in das Land Israel zurück.

Doch als er hörte, dass mittlerweile *Archelaos*, ein Sohn des verstorbenen Herodes, König über Judäa war, hatte er Bedenken, wieder in seinen Heimatort zurückzukehren. Ein weiteres Mal empfing er im Traum eine Weisung und zog so in das Gebiet von Galiläa und ließ sich in einer Stadt namens Nazareth nieder.

3   Ein Vergleich der beiden Schilderungen

Einem Leser, der in einem christlichen Umfeld aufgewachsen ist, dürften die Erzählungen, die hier wiedergegeben wurden, gewiss nicht neu sein. Er wird das, was das Neue Testament über die Geburt und die frühe Kindheit Jesu schildert, schon im Religionsunterricht, in der Kirche oder auch im Familienkreis häufig gehört haben.

Dennoch könnte er – insbesondere dann, wenn er die Evangelien noch nie gründlich und aufmerksam gelesen haben sollte – ein wenig verwundert sein. Er wird vielleicht glauben, dass die ihm vertraute Kindheitsgeschichte Jesu, die man oftmals auch als »Weihnachtsgeschichte« bezeichnet, hier auseinandergerissen und in zwei recht verschieden klingende Geschichten verpackt wurde. Schließlich kennen wir alle das Szenario, das in den vielen Krippen, die in Kirchen, öffentlichen Einrichtungen und auch in etlichen Wohnstuben zur Weihnachtszeit aufgestellt werden, dargestellt wird. In diesem findet man bekanntlich sowohl die Hirten als auch die Weisen aus dem Morgenland, die volkstümlich als die »Heiligen Drei Könige« bezeichnet werden. Von den Königen ist aber in der ersten Schilderung und von den Hirten in der zweiten nicht die Rede.

Also könnte bei einem solchen Leser die Vermutung naheliegen, dass die Erzählung über die Geburt und die frühe Kindheit Jesu hier – möglicherweise sogar willkürlich – zersplittert worden ist.

Das ist aber keineswegs der Fall! Richtig ist das Gegenteil: Die uns vertrauten Schilderungen der Geburt und Kindheit Jesu stellen vielmehr eine Vermischung zweier verschiedener Berichte dar. Auf künstliche Art werden in den üblichen Weihnachtsgeschichten zwei völlig verschiedene Erzählungen zu einer *Legende* verwoben.

Die erste Schilderung, die hier gegeben wurde, orientiert sich sehr, sehr eng – zum Teil sogar wörtlich – an dem, was der Evangelist *Lukas*[13] erzählt. Die zweite lehnt sich sehr eng an den Bericht an, den *Matthäus*[14] gibt. Lukas und Matthäus sind im Übrigen die einzigen Evangelisten, die über die Geburt und frühe Kindheit Jesu schildern. Sie werden in der kompletten Heiligen Schrift nichts Wesentliches über die Kindheit Jesu finden, was über das hier Dargestellte hinausginge. Es gibt nur eine Ausnahme, auf die wir an späterer Stelle noch ausführlich eingehen werden. Gemeint ist damit die Erzählung von dem zwölfjährigen Jesus im Tempel, die wir im Lukas-Evangelium finden.

Am Rande sei noch erwähnt, dass sich interessanterweise weder bei Lukas noch bei Matthäus ein Hinweis darauf finden lässt, dass ein Ochse und ein Esel an der Krippe standen, wie wir das aus vielen Erzählungen und Darstellungen kennen. Diese Information findet man nur im »Pseudo-Matthäus-Evangelium«, das zu den Apokryphen, also denjenigen Schriften gehört, die nicht in den Kanon der Bibel aufgenommen wurden. Hier heißt es: »*Am dritten Tage nach der Geburt des Herrn verließ Maria die Höhle und ging in einen Stall. Sie legte den Knaben in eine Krippe, und ein Ochse und ein Esel beteten ihn an. Da ging in Erfüllung, was durch den Propheten Habakuk gesagt ist: ›Zwischen zwei Tieren wirst du erkannt‹.*«

Wenn man die beiden Kindheitserzählungen bei Lukas und Matthäus aufmerksam und unbefangen liest, kommt man nicht umhin zuzugeben, dass diese höchst unterschiedlich und sogar sehr widersprüchlich sind. Schauen wir zunächst auf die Abstammung Josefs. Inwieweit man hierbei auch von den Vorfahren Jesu sprechen kann, der ja nach *üblicher* Anschauung ein Stief- oder Ziehsohn Josefs war, sei zunächst einmal dahingestellt.

Die Auflistung der Vorfahren wurde im jüdischen Volk immer äußerst gewissenhaft geführt. Lukas beginnt mit der Aufzählung der Vorfahren Josefs bei *Adam*, Matthäus beginnt ›erst‹ bei *Abraham*, dem Stammvater der Juden.[15] Von Abraham bis zu König *David* sind beide Generationenfolgen identisch. Gemäß beiden Evangelisten stammt Josef also aus dem Königshause Davids ab.

Nun kommt der entscheidende Unterschied: Gemäß Lukas ist Josef ein Nachfahre von König Davids Sohn *Nathan*, der die priesterliche Linie repräsentiert. Gemäß Matthäus ist er Nachkomme von Nathans Bruder *Salomon* aus der königlichen Linie der davidischen Sippe. Bei Lukas sind es von Nathan bis Jesus noch 42, bei Matthäus von Salomon bis Jesus nur 28 Generationen. Ab David treten in den beiden Linien lediglich drei gemeinsame Namen auf: *Salathiel* und *Zorobabel* sowie *Josef* als Vater.

Man kann also beim besten Willen nicht davon ausgehen, dass beide Evangelisten von demselben Josef und somit von demselben Jesus schildern.

Es gibt noch weitere Widersprüche. Das Elternpaar, über das Lukas berichtet, war in der Stadt Nazareth in Galiläa angesiedelt. Nur aufgrund der Volkszählung zogen sie nach Judäa in Josefs Vaterstadt Bethlehem, wo dann auch der Jesus geboren wurde.

Das Paar, über das Matthäus schildert, lebte in Bethlehem, dem Geburtsort Jesu, und ließ sich erst später nach der Rückkehr aus Ägypten in Nazareth nieder.

Dann berichtet Lukas, dass der Engel Gabriel, welcher der *Maria* erschien und ihr offenbarte, dass sie schwanger war und einen Sohn gebären werde, sie anwies, diesem den Namen Jesus zu geben. Von Gabriel weiß man übrigens, dass er einer der sieben führenden Erzengel ist.

Gemäß Matthäus war es ein Engel des Herrn, der *Josef* im Traum erschien und ihm sagte, dass er den Knaben Jesus nennen solle.

Schließlich lesen wir bei Lukas, dass Jesus in eine Futterkrippe gelegt wurde, weil die Eltern keine Herberge fanden. Diese Krippe befand sich höchstwahrscheinlich in einem Stall, möglicherweise aber auch in einer Höhle oder Grotte.

Bei Matthäus heißt es, dass Jesus in einem Haus in Bethlehem, in dem die Eltern wohnten, geboren wurde.

	gemäß **Lukas**	gemäß **Matthäus**
Abstammung Josefs	von Davids Sohn Nathan	von Davids Sohn Salomon
Wohnort der Eltern	Nazareth	Bethlehem
Auftrag, den Knaben Jesus zu nennen	durch den Erzengel Gabriel an Maria (bei der Verkündigung)	durch einen Engel des Herrn an Josef (im Traum)
Geburtsstätte Jesu	in einem Stall oder einer Höhle in Bethlehem	im elterlichen Haus in Bethlehem

Tabelle 1: **Widersprüche in den Kindheitserzählungen**

Neben diesen vier doch recht krassen Widersprüchen gibt es weitere Aspekte, die Fragen aufwerfen. So berichtet jeder der beiden Evangelisten über einige höchst bedeutsame Ereignisse, über die der andere nichts schreibt.

So lesen wir nur bei Lukas, dass der Erzengel der Maria erschien, als sie im sechsten Monat schwanger war, und ihr verkündete, dass sie einen Sohn gebären werde, den man »Sohn Gottes« nennen werde. Auch ist nur hier die Rede davon, dass Josef mit seiner Frau und dem Kind wegen der Volkszählung von Nazareth nach Bethlehem kam. Die Erzählung von den Hirten, denen ein Engel des Herrn sowie die himmlischen Heerscharen erschienen und ihnen von der Geburt des Heilbringers berichteten, sowie die Darbringung Jesu im Tempel und die berührende Begegnung mit dem alten Simeon findet man ebenfalls nur im Lukas-Evangelium.

Hingegen findet sich nur bei Matthäus die Schilderung von den Priesterweisen oder Sternendeutern, die von einem Stern geführt zunächst nach Jerusalem und schließlich – nach der Begegnung mit König Herodes – an die Geburtsstätte Jesu kamen, wo sie ihm Gold, Weihrauch und Myrrhe darbrachten. Auch von dem durch Herodes veranlassten Kindermord und die dadurch bedingte Flucht der Familie nach Ägypten, zu der ein Engel des Herrn den Josef im Traum aufforderte, berichtet nur Matthäus.

Wie könnte man eine plausible Erklärung dafür finden, dass einer der Evangelisten von den bedeutsamen Geschehnissen, von denen nur der jeweils andere schreibt, nichts gewusst oder diese nicht für erwähnenswert gehalten haben könnte?

Wenn man nur das, was *beide* Evangelisten *übereinstimmend* schreiben, berücksichtigt, so würde sich die gesamte Geschichte der Geburt und der Kindheit Jesu auf zwei Sätze reduzieren:

> In der Zeit, als Herodes König über Judäa war, wurde in Bethlehem ein Knabe, dem man den Namen Jesus gab, geboren. Seine Eltern hießen Josef, der ein Nachkomme aus dem Königshause David war, und Maria.

Nun gibt es seit Jahrhunderten Theologen und Exegeten, die viel Zeit und große Mühen investiert haben, um diese Widersprüche und Unstimmigkeiten in den beiden Kindheitsschilderungen *vermeintlich* aufzulösen. Das weitaus meiste, was sie dazu beitragen konnten, ist aber keineswegs stimmig oder gar zielführend und somit keiner Erwähnung wert.

Viele Menschen tendieren zu der Auffassung, dass man die Bibel nicht so ernst oder gar wörtlich nehmen dürfe, dass es sich zum Teil sogar nur um nette Geschichten handele, die mit Weltentatsachen wenig bis gar nichts zu tun hätten. Die gesamte Bibel – insbesondere das Neue Testament – ist allerdings alles andere als ein Geschichts- oder Legendenbuch, das den Menschen zur Erbauung dienen soll. Es ist vielmehr ein Wahr- und Weisheitsbuch. Wenn man einmal von etwas unglücklichen oder gar falschen Übersetzungen absieht, so muss man sagen, dass die Bibel nicht nur wörtlich genommen werden kann, sondern sogar muss! Wenn uns irgendwelche Stellen in der Heiligen Schrift merkwürdig oder gar widersprüchlich erscheinen, so liegt das einzig und allein daran, dass wir sie noch nicht richtig zu verstehen in der Lage sind, was allerdings in vielen Fällen auch nicht gerade einfach ist.

Die heute übliche Vermischung der zwei verschiedenen Geburtsgeschichten zu einer ist nichts anderes als eine Fabel oder Legende.

4 Woher wussten Lukas und Matthäus eigentlich von den Ereignissen, über die sie berichten?

Wir wollen uns zunächst einmal die Frage vorlegen, woher die beiden Evangelisten eigentlich wissen konnten, was sich in jenen Tagen, über die sie berichten, ereignete.

Die meisten Menschen gehen davon aus, dass Lukas und Matthäus bei einigen dieser Geschehnisse selbst Zeugen gewesen seien oder dass ihnen das von anderen Menschen, die dabei waren, erzählt worden sei. Diese Erinnerungen – so glaubt man – hätten sie dann Jahre später getreulich aus dem Gedächtnis nach bestem Wissen und Gewissen aufgeschrieben. Wenn das wirklich den Tatsachen entsprechen würde, so könnte man mit einigem guten Willen die Widersprüche in ihren Schilderungen noch als ›erwartbare Ungenauigkeiten‹ akzeptieren.

Diese These ist allerdings nicht haltbar! Dass Lukas von dem Besuch der Hirten an der Krippe erfahren hat – sei es von den Hirten selbst oder von einem, dem die Hirten es erzählt haben –, kann man sich ja noch ganz gut vorstellen. Aber das gilt für einige der Geschehnisse, von denen die Evangelisten schildern, gewiss nicht! Nehmen wir etwa das großartige Ereignis, dass der Erzengel Gabriel der Maria erschien und ihr mit zu Herzen gehenden Worten verkündete, dass sie einen Knaben gebären werde, den man den »Sohn des Höchsten« nennen werde. Dass weder Lukas selbst noch ein anderer Mensch bei dieser Erscheinung anwesend war und es somit aus erster Hand bezeugen könnte, ist naheliegend. Selbst wenn jemand zugegen gewesen wäre, so hätte er mit größtmöglicher Wahrscheinlichkeit den Engel weder sehen noch hören können. Also *scheint* es für die Verfechter obiger These nur noch eine Erklärung zu geben: Maria muss anschließend – vielleicht auch erst viel später – dieses Erlebnis jemandem anvertraut haben, der es dann

Lukas weitererzählt hat. Dass Maria eine solch erhabene und berührende Erscheinung preisgegeben haben könnte, ist wohl auszuschließen. Das, was der Engel ihr prophezeite, hat sie nur in ihrem Herzen bewegt. Selbst wenn sie es weitergegeben hätte und diese Erzählung irgendwann Lukas erreicht hätte, wäre es doch höchst erstaunlich, dass er dann den *genauen Wortlaut* dessen, was der Engel sagte, wissen und aufschreiben konnte.

Auch in den drei Fällen, in denen ein Engel dem Josef im Traum erschien und ihm Anweisungen gab, waren gewiss keine Zeugen zugegen. Dass Josef es später jemandem erzählt haben könnte, ist zwar nicht auszuschließen, aber doch sehr unwahrscheinlich. Möglicherweise hat er es Maria anvertraut, aber sie wird es gewiss nicht ausposaunt haben.

Zumindest das meiste, was Lukas und Matthäus in ihren Kindheitsgeschichten schreiben, haben sie weder als Zeugen miterlebt noch von anderen Menschen, die dabei waren, gehört. Auf irgendeinem äußeren Weg konnten sie davon nicht Kunde erhalten. Das Gleiche gilt im Übrigen auch für die meisten anderen Begebenheiten, von denen die vier Evangelien schildern.

Wie konnten die Evangelisten es dennoch wissen und schließlich aufschreiben? Nun, sie waren mit der seherischen Gabe begnadet, die es ihnen ermöglichte, in der sogenannten »*Akasha-Chronik*« ›lesen‹.

Was hat man sich unter dieser ›Chronik‹ vorzustellen? »Akasha« ist ein Sanskritwort, das man mit »leuchtend« oder »strahlend« übersetzen kann. Akasha ist eine der subtilsten Substanzen, die dem geistigen Streben eines hellsichtigen Menschen noch zugänglich ist. In diese Substanz ist alles ›eingeschrieben‹, was sich von Anbeginn der Weltentwicklung abgespielt hat.

Nichts von dem, was jemals im Kosmos geschehen ist, geht verloren. Alle Taten, Gedanken, Worte, Gefühle usw. prägen sich in die Akasha-Substanz ein. Hierbei ist nicht nur an die großen Taten und Gedanken der göttlich-geistigen Wesen, sondern auch an alle großen und kleinen Taten und Gedanken eines jeden einzelnen Menschen zu denken. Da man in dieser kosmischen Substanz in gewisser Weise wie in einem Geschichtsbuch lesen kann, spricht man von der »Akasha-*Chronik*«, die man auch als »kosmisches Gedächtnis« oder »Weltengedächtnis« bezeichnen könnte.

Man könnte die Akasha-Chronik anhand eines vielleicht etwas trivialen und platten materiellen Vergleiches verdeutlichen. Stellen Sie sich eine gigantische Festplatte mit einer unbegrenzten Kapazität vor, auf der vertonte Filme über alles, was jemals auf der Erde geschehen ist, gespeichert sind. Nun könnte jeder, der über die entsprechende Technik und das Know-how verfügt, jederzeit einen gewünschten Film abrufen und anschauen.

In dieser ›Chronik‹ zu ›lesen‹ und das auf diese Art Wahrgenommene richtig verstehen und in große Zusammenhänge einordnen zu können, ist nur einem hohen Eingeweihten möglich.

Lukas und Matthäus haben – genau wie die anderen Evangelisten – *nicht* aus ihrer normalen Erinnerung geschöpft, als sie ihre Evangelien aufgeschrieben haben. Sie waren mit hellseherischen Fähigkeiten begabt, die es ihnen ermöglichten, die Geschehnisse von Palästina im Geistigen zu sehen und zu hören. Das, was sie auf diese Art – insbesondere in der Akasha-Chronik – wahrnehmen konnten, schrieben sie getreulich auf. Es entstanden die *Urtexte* der Evangelien.

Man könnte auch niemals ein Verständnis dafür finden, dass *Moses* in der Schöpfungsgeschichte so ausführlich darüber schildert, was sich vor Urzeiten zugetragen hatte, wenn man nicht die Akasha-Chronik berücksichtigen würde.

5 Die Auflösung der scheinbaren Widersprüche in den beiden Kindheitsschilderungen

Wie können wir also nun mit den beiden so unterschiedlichen Kindheitserzählungen zurechtkommen?

Oftmals erscheint etwas, was eigentlich sehr naheliegend ist, besonders weit entfernt zu sein. Wenn die unterschiedlichen Kindheitsschilderungen Jesu keinen Widerspruch darstellen und keine Ungereimtheiten enthalten, so liegt doch die Erklärung auf der Hand: Man kann beim besten Willen nicht davon ausgehen, dass beide Evangelisten von *demselben* Jesus schildern! Es müssen *zwei verschiedene* Knaben gewesen sein! Lukas berichtet über den einen, Matthäus über den anderen Jesus.

Es gibt übrigens einige alte Dokumente, zum Beispiel die »Gemeinderegel von Qumran«, in denen explizit davon die Rede ist, dass *zwei* Messiasse erwartet wurden. Bemerkenswert ist noch die Tatsache, dass es viele Gemälde aus dem späten Mittelalter und der frühen Neuzeit gibt, auf denen neben der Mutter Jesu *zwei* Knaben dargestellt sind. Das wird dann meistens so gedeutet, dass der zweite Knabe Johannes der Täufer sei, was möglicherweise in *einigen* Fällen auch so vom Maler gemeint sein mag (siehe auch Kapitel 9, S. 53ff).

Wenn man mit der Existenz der *zwei* Jesusknaben einen Sinn verbinden oder wenn man gar dieses große Mysterium aufhellen möchte, kommt man mit äußeren Dokumenten – wie auch die Heilige Schrift eines ist – nicht weiter. Erst durch die geistige Forschung des großen Eingeweihten und Geisteslehrers *Rudolf Steiner*, dem Begründer der *Anthroposophie*, der im Anhang (S. 72ff.) etwas näher vorgestellt werden soll, können wir ein Verständnis dafür gewinnen, warum es *notwendigerweise* zweier Jesuskinder bedurfte.

Rudolf Steiner hatte genau wie die Evangelisten die Gabe, in der Akasha-Chronik zu lesen und somit die Ereignisse zu rekonstruieren.

Die Tatsache, dass es nicht nur einen Jesus gab, mag für viele überraschend, möglicherweise sogar anstößig und schockierend sein, aber es ist eine Wahrheit.

Man kann ja vielleicht noch die Frage aufwerfen, warum in den beiden Evangelien nicht ganz unmissverständlich von *zwei verschiedenen* Jesusknaben berichtet wird, so dass es keinen Zweifel an dieser Tatsache geben könnte.

Zunächst einmal muss man wissen, dass es viele göttlich-geistige Wahrheiten gibt, für die die Menschheit eines bestimmten Zeitalters noch nicht reif ist, die sie überfordern würden, die für sie schädlich sein könnten. Das Wissen von den zwei Jesus-Persönlichkeiten hätte die Mehrheit der Menschen vor hundert Jahren noch nicht fassen und nicht ertragen können. Das gilt auch für viele andere geistige Tatsachen, etwa für die Reinkarnation, das Gesetz der wiederholten Erdenleben und dem damit eng verbundenen Karmagesetz. Hätten die Menschen früherer Jahrhunderte von der Reinkarnation gewusst, so hätte die große Gefahr bestanden, dass sie ihr aktuelles Erdenleben nicht so wichtig genommen hätten. Viele hätten sich gesagt, was soll ich mich jetzt bemühen, ein anständiger Mensch zu werden, da ich doch noch in vielen weiteren Inkarnationen dazu die Zeit habe.

Somit ist zu vermuten, dass die göttlichen Weltenlenker dafür gesorgt haben, dass die beiden Kindheitsschilderungen derart abgefasst wurden, dass man sie zunächst so auffassen kann, als ginge es jeweils um *ein und dasselbe* Kind. Wie die letzten zwei Jahrtausende gezeigt haben, ist das ja auch ganz gut gelungen. Man musste nur über einige Widersprüche und Ungereimtheiten hinwegsehen, sofern man diese überhaupt erkannt haben sollte. Diese Interpretation wäre nicht möglich gewesen, wenn die beiden Knaben einen unterschiedlichen Namen getragen hätten. Diesen Namen, also Jesus, zu wählen, wurde Maria bzw. Josef aber aus der geistigen Welt auferlegt, was ja bei beiden Jesusknaben auch in den Evangelien verbürgt ist.

Auf der anderen Seite sind es aber gerade diese unterschiedlichen, widersprüchlichen Schilderungen, die den Menschen, sobald es an der Zeit ist, ermöglichen, diese Widersprüche als *vermeintliche* oder *scheinbare* Widersprüche aufzudecken, Widersprüche, die gar keine sind, weil eben von zwei verschiedenen Jesusknaben die Rede ist. Darauf kann heute jeder Mensch selbst kommen. Die ganzen tiefen Hintergründe kann natürlich nur ein großer Eingeweihter wie Rudolf Steiner erkennen und vermitteln. Heute ist die Menschheit reif genug, um dieses Mysterium zu durchschauen und die geisteswissenschaftlichen Erkenntnisse – zumindest bis zu einem gewissen Grad – aufzunehmen.

Im Übrigen werden in den nächsten Jahrhunderten und Jahrtausenden von den Menschen, die dann als Eingeweihte und Geisteslehrer verkörpert sein werden, viele weitere geistige Wahrheiten in die Welt gebracht werden, für deren Verständnis wir heute noch nicht reif sind. Die Wahrheit, dass zu Beginn unserer Zeitrechnung zwei Jesusknaben auf der Erde erschienen sind, gehört zu denjenigen, die wir schon in unserem jetzigen Leben aufnehmen und verstehen sollten.

Selbstverständlich waren die beiden Jesus-Persönlichkeiten – wie wir noch sehen werden – alles andere als gewöhnliche, durchschnittliche oder gar schlichte Menschen, sondern bereits sehr hoch entwickelte *Menschen*.

Viele – namentlich ältere – Christen sind ja nicht zuletzt aus Bequemlichkeit geneigt, nur dasjenige zu glauben, was die Kirchen lehren. In den kirchlichen Lehren werden Sie aber nichts über die zwei Jesusknaben finden.

Wenn man bedenkt, dass viele Kirchenvertreter sehr kluge Menschen sind und dass es insbesondere in Kreisen der katholischen Kirche sehr wohl auch Eingeweihte gab und immer noch gibt, kann man im Grunde nicht annehmen, dass dort diese Tatsache nicht bekannt wäre. Das bedeutet natürlich nicht, dass *jeder* Kleriker davon wissen müsste.

Somit kann man fragen: Warum geben die Kirchen dieses Geheimnis nicht preis?
 Es kann eigentlich nur zwei Gründe dafür geben. Möglicherweise sind die Kirchen der Meinung, dass die Menschen noch nicht reif seien, von solchen Mysterien zu erfahren. Bis vor etwa hundert Jahren wäre diese Ansicht noch durchaus berechtigt gewesen.
 Der zweite mögliche Grund ist, dass die Kirchen ihre ›Schäfchen‹ immer noch auf der Kindheitsstufe halten wollen, die alles, was die Kirchen lehren, glauben sollen, ohne es verstehen zu können und zu müssen. Über Kinder lässt sich bekanntlich leichter Macht ausüben als über Erwachsene.

Würden die Kirchen anerkennen und zugeben, dass es zwei Jesusknaben gegeben hat, würde sich für sie eine Crux ergeben: Im konfessionellen Christentum geht man ja absurderweise davon aus, dass es sich bei Jesus um den *Christus*, den Sohn Gottes, handele. Man hat es verlernt, zwischen dem *Menschen* Jesus und dem *Gott* Christus zu unterscheiden. Beide werden als *wesensgleich* aufgefasst.
 Würden sie nun akzeptieren, dass es zwei Jesusknaben gegeben hat, so stünden sie vor der aus ihrer Sicht zwingenden Frage, welcher der beiden denn der Christus gewesen sei.

Es wuchsen also ziemlich zeitgleich zwei Jesuskinder heran.
 Die beiden Jesus-Persönlichkeiten sind von jung auf unter der Leitung des Heiligen Geistes zum Christus-Träger her-

angereift. Auch dem bzw. den Menschen Jesus gebührt unsere allerhöchste Verehrung.

Welche der beiden Jesus-Wesenheiten schließlich den Christus aufnahm und gewissermaßen zu seinem Gefäß wurde, werden wir später erörtern.

Warum es zu der Erdenmission Christi zweier Jesusknaben, die nun näher vorgestellt werden sollen, bedurfte und wie unfassbar kompliziert alle notwendigen Verrichtungen waren, werden wir im Folgenden sehen.

6 Exkurs: Die Wesensglieder des Menschen[16]

Wir müssen nun ein wenig vom Kernthema abschweifen und uns auf einen kleinen Exkurs begeben.

Vieles von dem, was in den folgenden Kapiteln geschildert werden soll, müsste unverständlich bleiben und geradezu nebulös anmuten, wenn man nicht wüsste, was eigentlich ein Mensch *wirklich* ist, was ihn ausmacht, was seine »Wesensglieder« sind.

In jeder Religion gehört es zu den fundamentalsten Glaubensgrundsätzen, dass der Mensch zumindest noch etwas Unsterbliches, etwas Ewiges in sich trägt. Wie man etwa bei *Paulus* nachlesen kann, galt es in den ersten nachchristlichen Jahrhunderten als eine Selbstverständlichkeit, dass der Mensch ein *dreigliedriges* Wesen ist, das aus *Körper, Seele* und *Geist* besteht. Auf dem vierten Konzil zu Konstantinopel, das im Jahre 869 stattfand, wurden die Voraussetzungen dafür geschaffen, dass diese Dreigliederung immer mehr aufgeweicht wurde, indem der Geist verleugnet wurde.[17] Nach kirchlicher Auffassung besteht der Mensch also lediglich aus Körper und Seele, der sie einige geistige Eigenschaften zugesteht und die sie deshalb manchmal auch als *Geistseele* bezeichnet.

Jeder Mensch hat zunächst einmal einen Körper oder Leib, der sich jedem offenbart, der über gesunde Sinnesorgane verfügt. Wie wir im Folgenden sehen werden, ist dieser Leib nicht der einzige Leib, nicht das einzige Wesensglied eines Menschen. Daher wollen wir diesen sichtbaren, stofflichen Leib »*physischer Leib*« nennen. Dieser Leib ist in wundervoller Weise aus den mineralischen Stoffen der Erde aufgebaut. Es ist derjenige Körper, den wir mit unseren Sinnen wahrnehmen können und den die Wissenschaft bereits in einem hohen Maße erforscht hat und erklären kann. Dieses

Wesensglied ist das einzige, das sich der sinnlichen Anschauung unverhüllt zeigt. Einen solchen materiellen Leib haben auch die Tiere, die Pflanzen und die Mineralien, wenngleich sich diese Leiber in vielerlei Hinsicht voneinander unterscheiden. Wie man am Beispiel der Menschen, Tiere und Pflanzen sieht, kann ein solcher Leib *belebt* sein. Sobald aus einem solchen Leib das Leben weicht, ist dieser dazu verurteilt zu zerfallen. Die physischen Leiber von verstorbenen Menschen und Tieren verlieren ihre charakteristische Form und lösen sich wieder in diejenigen Stoffe auf, aus denen sie gebildet worden sind; sie verwesen. Das gleiche Schicksal ereilt auch eine abgestorbene Pflanze, die nach einiger Zeit verrottet. Nur Mineralien kann man weitestgehend kennen, indem man nur das Physische beobachtet und studiert. Wenn sich die gesamte Wesenheit des Menschen in seinem physischen Leib erschöpfen würde, so wäre es ein Unsinn, von einem Leben nach dem Tod oder gar von Reinkarnation zu sprechen.

Das menschliche Wesen glauben die heutigen Wissenschaftler zur Gänze verstanden zu haben, wenn sie alle Organe und Funktionen des physischen Leibes erforscht haben. Für eine Seele oder gar für einen Geist ist in diesen Lehren kein Platz mehr. Nachdem der Geist von der Kirche schon vor über 1.000 Jahren abgeschafft wurde, haben die Wissenschaftler nun auch die Seele abgeschafft. Diejenigen geistig-seelischen Tätigkeiten des Menschen, die derzeit noch nicht hinreichend erklärt werden können, glaubt man, früher oder später auf heute noch nicht bekannte physiologische Wirkfaktoren und Funktionen zurückführen zu können. Im Zweifelsfall müssen das Gehirn oder das Nervensystem herhalten, wenn es darum geht, die Urheber und die Auslöser für solche Tätigkeiten zu suchen.

Selbstverständlich erschöpft sich das menschliche Wesen *nicht* in seinem physischen Leib. So wie er *heute* auf der Erde wandelt, besitzt der Mensch vielmehr noch drei höhere Wesensglieder. Diese sind übersinnlicher Natur und können daher nur hellsichtig wahrgenommen und studiert werden. Diese Wesensglieder und ihre Funktionen waren in den Mysterienstätten aller großen früheren Kulturen – angefangen bei der urindischen Kultur vor rund 8.000 Jahren – bekannt. Natürlich wurden ihnen damals noch andere Namen gegeben. Wir wollen uns hier an die Bezeichnungen halten, die Rudolf Steiner gewählt hat.

Diese drei Wesensglieder sollen nun ein wenig charakterisiert werden.

Vom ›wahren‹ Menschen kennt man nur sehr wenig, wenn man ausschließlich seinen physischen Leib seziert und erforscht, wie das die Wissenschaftler machen.

Nun haben aber Menschen, Tiere und Pflanzen noch ein höheres Wesensglied, das immaterieller Natur ist und sich nur den Wahrnehmungen eines hellsichtigen Menschen erschließt. Dieses Wesensglied wird »*Ätherleib*« genannt. Der Ätherleib ist das unterste übersinnliche Wesensglied.

Beim heutigen erwachsenen Menschen hat der Ätherleib etwa die gleiche Form wie der physische Leib, den er allerdings an allen Seiten, insbesondere am Kopf, ein wenig überragt. Dem Blick eines Hellsehers stellt sich der menschliche Ätherleib als innerlich leuchtendes, durchscheinendes, aber nicht ganz durchsichtiges *Kraftgebilde* dar. Es glänzt und glitzert alles an diesem Lichtleib in den unterschiedlichsten Farbschattierungen und Helligkeitsgraden. Der ätherische Leib ist ähnlich organisiert wie der physische, nur sehr viel komplizierter. Er ist nicht nur mit feinen Äderchen und Strömungen durchzogen, sondern er hat auch Organe, ein »*Ätherherz*«, ein »*Äthergehirn*« usw. Der Ätherleib ist gewissermaßen der ›Aufbauer‹ oder der ›Architekt‹ des physischen Leibes, der sich aus dem ätherischen herauskristallisiert. Der physische Mensch ist nach Maßgabe seines Ätherleibes gebildet. Auch der menschliche Ätherleib ist wie der physische Leib bis zu einem gewissen Grad den Gesetzen der Vererbung unterworfen. Nur solange dieser Ätherleib mit dem physischen Leib verbunden ist, kann in diesem *Leben* sein. Dieser übersinnliche Leib ist der Träger der Wachstums- und Fortpflanzungskräfte, aber auch des Gedächtnisses, der Temperamente, der Gewohnheiten und des Gewissens.

Es ist ja nicht verwunderlich, dass unsere Wissenschaft so verhältnismäßig wenig über das Gedächtnis weiß, da sie ja seinen Sitz im physischen Gehirn sucht. Das Gehirn ist in der *physischen* Welt aber nur vonnöten, damit etwas Erinnertes, also aus dem ätherischen Leib Heraufgeholtes, zum Bewusstseinsinhalt werden kann. Das physische Gehirn ist nicht mehr, aber auch nicht weniger als ein Werkzeug bzw. ein ›Spiegelungsapparat‹. Zu Lebzeiten wird der ätherische Leib mit seinen Gedächtniskräften sehr stark vom physischen Leib eingeschränkt. Um etwas Erinnertes freigeben zu können, ist er auf die vermittelnden Dienste des physischen Organismus angewiesen.

Der Ätherleib bleibt während einer irdischen Inkarnation immer, auch im Schlafe, mit dem physischen Leib verbunden. Erst im Augenblick des Todes trennt er sich endgültig von diesem ab.

Wenige Tage nach dem Tod wird der weitaus größte Teil des ätherischen Leibes in den Kosmos einverwoben. Nur einen kleinen Teil nimmt der Mensch als unvergängliche Essenz auf seinen weiteren nachtodlichen Weg mit.

Wenn der Mensch dann wieder durch die Geburt ins physische Dasein schreitet, so beinhaltet sein *neuer* Ätherleib, den er sich aus dem ganzen Kosmos zusammenzieht, die Resultate seines früheren Erdenlebens. Da dieser ätherische Leib der Aufbauer der neuen physischen Organisation ist, prägt sich das auch alles in den physischen Leib hinein.

Menschen und Tiere haben über den physischen und ätherischen Leib hinaus noch ein weiteres immaterielles Wesensglied, das die ätherische Hülle umschließt: den »*Astralleib*« oder »*Seelenleib*«.

Innerhalb dieses Leibes erscheint das *Eigenleben* des Menschen. Es drückt sich dadurch aus, dass dieser Lust oder Unlust, Freude oder Schmerz usw. erlebt. Der Astralleib ist der Träger von Begierden, Trieben, Wünschen, Leidenschaften und dergleichen sowie auch von Freuden und Schmerzen. Die Fähigkeit, solche Empfindungen zu erleben, teilt der Mensch nur mit den Tieren, die auch einen solchen übersinnlichen Leib besitzen. Auch hier ist es natürlich wieder so, dass der Mensch, solange er auf der Erde verkörpert ist, des Nervensystems bedarf, damit sich etwa die Schmerzen kundtun können.

Einem hellsichtigen Menschen zeigt sich der Astralleib als eine Art ›*Lichtwolke*‹, die sogenannte »*Aura*«, die den physischen und ätherischen Leib umhüllt und den Kopf etwa um zwei bis drei Kopflängen überragt. Die Aura glänzt in den unterschiedlichsten Farben, je nach den jeweiligen Begierden, Trieben usw. Der Astralleib löst sich im Schlafe aus seiner Organisation mit den beiden übrigen Leibern. Dann gehört es unter anderem zu seinen Aufgaben, den physischen Leib zu erfrischen und Abnutzungserscheinungen auszugleichen. Der Mensch verliert nach dem Tod seinen Astralleib zunächst nicht.

Der Verstorbene legt im Durchschnitt erst einige Jahrzehnte, nachdem er durch die Pforte des Todes gegangen ist, den größten Teil seines astralischen Leibes ab. Nur einen eher kleinen Extrakt nimmt er als Frucht seines Lebens mit auf seinen weiteren Weg durch die höheren Welten.

Die Frage, was vom Menschen unsterblich ist, steht immer noch im Raum. Der physische Leib löst sich nach dem Tod völlig in der Erdenwelt auf, und von den beiden anderen Leibern nimmt der Mensch nur einen gewissen Teil als unvergängliche Essenz mit auf seinen weiteren Weg. Hätte der Mensch nur diese drei Wesensglieder, so wäre es immer noch unsinnig, wenn man sagen würde, dass er unsterblich sei und ewig existiere.

Nun besitzt aber der Mensch in der Tat noch ein viertes Wesensglied, das ihn weit über das Tierreich erhebt: Das »*Ich*« bzw. den »*Ich-Leib*«. Hätte der Mensch nicht dieses Ich, so hätten die Wissenschaftler, die sich auf *Darwin* berufen, recht; dann wäre der Mensch nur ein hochentwickelter Affe.

Dieses Wesensglied zeigt sich einem Hellseher als bläuliche Hohlkugel im Stirnbereich zwischen den Augen. Das an das Ich gekoppelte Bewusstsein, das »Ich-Bewusstsein«, leuchtet im Erdendasein eines Menschen etwa im dritten Lebensjahr erstmals auf. Dieses erhabene Ereignis können die Eltern daran erkennen, dass ihr Kind nicht mehr sagt: »*Maxi* möchte ein Bonbon«, sondern »*Ich* möchte ein Bonbon«.

Das Ich ermöglicht es dem Menschen, sich als eigenständiges und seiner selbst bewusstes Wesen erkennen und von seiner Umgebung abgrenzen zu können. Jeder Mensch kann sich selbst als ein »*Ich bin*« wahrnehmen. Das Ich, das man auch als »*Selbst*« bezeichnen könnte, erlaubt ihm, sich über seine bloßen Gefühle und Triebe hinaus selbst zu bestimmen. Dadurch kann er dazu kommen, ordnende Begriffe und Gedanken zu bilden. Das Ich macht es dem Menschen möglich, aus eigenem Antrieb heraus tätig zu werden und sittlichen Idealen nachzustreben, anstatt nur blind seinen Trieben zu folgen.

Nicht einmal ein krasser Materialist, also ein Mensch, der nur an die Materie glaubt und alles Geistige für einen Unsinn hält, kann leugnen, dass es im Menschen eine ›Instanz‹ gibt, die über diejenigen Fähigkeiten verfügt, die wir dem Ich zuschreiben müssen. Allerdings wird er heftig bestreiten, dass es sich dabei um etwas Eigenständiges, Immaterielles handele. Vielmehr wird er diese Fähigkeiten wieder auf irgendwelche Gehirnfunktionen zurückführen. Wenn ein

Extrakt, dem Kosmos einverwoben wird. Auch den größten Teil des Astralleibes wird der Mensch einige Jahrzehnte nach dem Tod ablegen, während ihm sein Ich als einziges ureigenes Wesensglied in der gesamten nachtodlichen Zeit erhalten bleibt.

Das Ich ist im Übrigen noch ein recht junges Wesensglied des Menschen. Erst seit verhältnismäßig wenigen Jahrhunderten haben wir Menschen uns allmählich zu einem individuellen Ich-Empfinden und zu einem klaren Ich-Bewusstsein entwickelt.

Wir müssen jetzt noch erörtern, wie man diese Viergliedrigkeit des Menschen (physischer Leib, Ätherleib, Astralleib und Ich) mit der schon seit früheren Zeiten üblichen Dreigliederung, nach der der Mensch aus *Körper*, *Seele* und *Geist* besteht, in Einklang bringen kann. Die Begriffe »Seele« und »Geist« sind ja ganz fundamentale, die man in ihrer Bedeutung verstehen sollte. Alles, was die großen christlichen Kirchen, aber auch Psychologen und Psychoanalytiker zum Verständnis der Seele beitragen können, ist mehr als dürftig und zum Teil stark materialistisch gefärbt. Mit dem Begriff »Geist« können sie im Grunde gar nichts rechtes mehr verbinden.

Wie sind nun diese Begriffe im anthroposophischen Sinne zu verstehen?

Der Begriff »Körper« dürfte hier die wenigsten Schwierigkeiten bereiten. Damit ist dasjenige gemeint, wodurch sich dem Menschen die äußeren Phänomene der Sinneswelt offenbaren. Er besteht aus dem physischen und dem ätherischen Leib, die ja, solange der Mensch im Erdenleben weilt, immer fest miteinander verbunden sind.

Mit dem Wort »Seele« soll auf all dasjenige hingedeutet werden, wodurch der Mensch die Dinge, die der Leib wahrgenommen hat, mit seinem eigenen Dasein verknüpft, wodurch er also etwa Lust oder Unlust, Freude oder Leid er-

solcher ehrlich und konsequent wäre, dürfte er aber auch nicht sagen: »*Ich* denke.« Stattdessen müsste er eigentlich sagen: »*Mein Gehirn* denkt.«

Dieses Ich ist der *»geistig-seelische Wesenskern«* des Menschen. Es ist unsterblich und unvergänglich; es geht von Inkarnation zu Inkarnation.

Die unteren drei Wesensglieder, also der physische Leib, der Ätherleib und der Astralleib, bilden gewissermaßen die Hüllen, in die das Ich sich im Erdendasein einkleidet. Diese sind ihm – etwas salopp ausgedrückt – als ›Basisausstattung‹ von den Schöpfermächten verliehen worden. Dadurch wurde er wie die gesamte ihn umgebende Natur zum Geschöpf der göttlich-geistigen Welt. Durch sein Ich ist er berufen, zum Schöpfer seiner selbst zu werden! Es ist die Aufgabe des Menschen, aus seinem Ich heraus seine drei unteren Leiber ›umzuarbeiten‹, zu veredeln und zu verwandeln. Auf diese Art kann es ihm gelingen, in der Zukunft höhere Wesensglieder zu entwickeln.

Aus der Organisation dieser vier Wesensglieder, physischer Leib, Ätherleib, Astralleib und Ich, besteht der *heutige* Mensch, wenn er auf der Erde wandelt. Solange der Mensch auf der Erde lebt, sind sein physischer Leib und sein Ätherleib fest miteinander verbunden. Während der Zeiten, in denen der Mensch wacht, sind auch sein Astralleib und sein Ich fest mit den beiden anderen Leibern verknüpft. Während des Schlafes trennen sich Astralleib und Ich aus der menschlichen Organisation heraus, während der physische Leib und der Ätherleib im Bette liegen. Der Astralleib und das Ich gehen in eine höhere Welt, in der sie bestimmte Erlebnisse haben, die nach dem Aufwachen allerdings nicht die Bewusstseinsschwelle des Menschen überschreiten. Vieles von diesen Erlebnissen taucht nach dem Tod vor dem Seelenauge auf. Erst im Augenblick des Todes trennt sich auch der Ätherleib vom physischen Leib ab, der dann wenige Tage später bis auf ein eher kleines Überbleibsel, bis auf einen

fährt. Die Seele ist im Menschen tätig und durchdringt alle Verrichtungen des Körpers. Die wesentlichen Kräfte der Seele sind Sympathie und Antipathie.

Die Seele ist eigentlich etwas höchst Kompliziertes. Für die Zwecke dieses Buches ist es völlig hinreichend, wenn man sagt, dass das Ich und der Astralleib, insbesondere soweit er die Hülle des Ichs ist, die menschliche Seele darstellen. Der Mensch kann sich in seinem Denken, Fühlen und Wollen seelisch betätigen. Alle diese Seelentätigkeiten sind beim wachenden Menschen unmittelbar mit seinem Ich verknüpft. Die Seele ist das Bindeglied von Körper und Geist, zwischen denen sie vermittelnd tätig ist.

Der »Geist« ist unser Führer im Reich der Seele. Das Ich ist eigentlich bereits ein geistiges Wesensglied, das sich beim Durchschnittsmenschen seiner geistigen Wesenheit allerdings noch nicht bewusst ist. Der Geist besteht jedoch im strengen Sinne aus den drei Wesensgliedern, die der heutige Mensch erst in seinen keimhaften Anlagen besitzt, die er also noch durch die Arbeit seines Ichs ausbilden, die er noch erwerben muss. Auf diese Wesensglieder, die Rudolf Steiner *»Geistselbst«*, *»Lebensgeist«* und *»Geistesmensch«* genannt hat, kann und muss hier nicht näher eingegangen werden, um den Rahmen dieses Buches nicht zu sprengen.

Geistesmensch				wird erst in der Zukunft gebildet
Lebensgeist				
Geistselbst				
Ich				
Astralleib				
Ätherleib				
physischer Leib				
	Mineral	Pflanze	Tier	Mensch

Tabelle 2: **Die Wesensglieder des Menschen**

7 Der nathanische Jesusknabe[18]

Nachdem wir nun die vier Wesensglieder eines Menschen ein wenig kennengelernt haben, besitzen wir das Rüstzeug, um uns an das Geheimnis der zwei Jesusknaben heranwagen zu können.

Wir wollen mit dem Jesuskind beginnen, von dem der Evangelist Lukas schildert. Erinnern wir uns: Dieser Knabe ist derjenige, der in einem Stall oder in einer Höhle in Bethlehem geboren und in eine Krippe gelegt wurde, weil seine Eltern, Josef und Maria, die zur Volkszählung aus Nazareth angereist waren, keine Herberge fanden. Aus dem Evangelium ist noch überliefert, dass den Hirten, die auf dem Feld Nachtwache hielten, ein Engel, der ihnen offenbarte, dass in Bethlehem der Heilbringer geboren sei, und die himmlischen Heerscharen erschienen sind. Dann können wir der lukanischen Schilderung noch entnehmen, dass dem Jesuskind bei der Darbringung im Tempel von dem alten Simeon mit zu Herzen gehenden Worten gehuldigt wurde. Wesentlich mehr kann man exoterischen Dokumenten nicht entnehmen. Erst aus der Geistesforschung Rudolf Steiners wurden die großen Geheimnisse, die sich um dieses Kind ranken, gelüftet.

Dieser Knabe, von dem Lukas berichtet, wurde von Rudolf Steiner als »*nathanischer Jesusknabe*« bezeichnet, weil er ein Nachfahre *Nathans*, einem Sohn von König David war. Er stammte also aus der priesterlichen Linie des Hauses David.

Wenn ein Mensch geboren wird, so gelingt es ihm im Allgemeinen in seinen ersten Lebensjahren bzw. -jahrzehnten recht mühelos, die Sprache, die Sitten und Bräuche des Volkes, in das er hineingeboren wurde, zu erlernen und sich mit vielen Dingen bekannt und vertraut zu machen, die sich in der Menschheit über Jahrtausende entwickelt haben. Kaum jemand hat ein Problem damit, sich die Kulturgüter, die sich die Menschheit errungen hat, aufzunehmen, soweit es für ihn notwendig ist. Wenn ein Mensch nur einmal auf der Erde leben würde, so wäre das nicht nur höchst erstaunlich, sondern sogar völlig unmöglich!

Nun ist es ja der absolute Normalfall, dass sich in die Hüllen (physischer Leib, Ätherleib und Astralleib) eines neugeborenen Kindes das Ich einer Individualität inkarniert, die schon viele Erdenleben hatte, in denen diese mannigfaltige Erfahrungen und Lernprozesse durchgemacht hat. Auch wenn sich ein Durchschnittsmensch nicht mehr daran erinnern kann, was er in früheren Inkarnationen erlebt hat, so sind diese Erfahrungen doch notwendig, damit er im neuen Leben fähig sein kann, alles aufzunehmen, was an Kulturgütern in der Welt vorhanden ist.

Bei dem nathanischen Jesuskind war das ganz anders. Diese Individualität, dieses Ich, hatte sein vorhergehendes Dasein ausschließlich in den geistigen Welten durchgemacht. Es wurde gewissermaßen in den höheren Welten eine Seele zurückbehalten, die jetzt *erstmals* zu einer irdischen Verkörperung schreiten konnte. In diesem Jesusknaben lebt eigentlich das von dem Menschen, was nicht in die menschliche Entwicklung auf der Erde eingegangen ist.

»Bevor innerhalb der Menschheitsentwickelung ein physischer Mensch entstand, hat man es zu tun mit einer Seele, die sich dann in zwei teilte. Der eine Teil, der eine Nachkomme der gemeinsamen Seele, verkörperte sich in Adam, und dadurch geht diese Seele in die Inkarnation hinein, unterliegt dem Luzifer und so weiter. Für die andere Seele, gleichsam für die Schwesterseele, wird von der weisen Weltenregierung vorausgesehen, daß es nicht gut ist, wenn sie sich auch verkörpert. Sie wird zurückbehalten in der seelischen Welt; sie lebt also nicht in den Menschheits-Inkarnationen, sondern wird zurückbehalten. Mit ihr verkehren nur die Eingeweihten der Mysterien. Diese Seele nimmt

also auch nicht während dieser Evolution vor dem Mysterium von Golgatha das Ich-Erlebnis in sich auf, weil dieses ja erst durch das Einkörpern in den Menschenleib erlebt wird. [...] Es hat diese Seele alle Liebe, deren eine Menschenseele fähig werden kann. Diese Seele bleibt also gleichsam unschuldig gegenüber all der Schuld, in die die Menschheit sich bringen kann im Verlauf der Inkarnationen der Menschheitsentwickelung. Diese Seele ist also eine solche, der man äußerlich nicht als Mensch begegnen konnte, sondern die nur von den alten Hellsehern wahrgenommen werden konnte. Von denen wurde sie auch wahrgenommen. Sie verkehrte sozusagen in den Mysterien. Und so haben wir eine solche Seele, man könnte sagen, innerhalb und doch oberhalb der Menschheitsentwickelung, die zunächst nur geistig wahrgenommen werden konnte, ein Vormensch, ein wirklicher Übermensch.«[19]

Die Seele dieses Kindes war also eine absolut reine, an die die Versuchung Luzifers, von der die Genesis, die Schöpfungsgeschichte Mose[20] schildert, nicht herangekommen ist. In diesem Jesusknaben war das, was in der Menschheit *vor* dem luziferischen Einfluss war. Lukas drückt das dadurch aus, dass er den Stammbaum bis Adam hinaufführt.

Es bedurfte dieser reinen Seele, an der weder *Luzifer* noch *Ahriman* einen Anteil hatten, damit es später zu dem kommen konnte, was wir die »Auferstehung Christi« nennen. Übrigens Luzifer und Ahriman sind die beiden »Widersacherwesen«, die in der Bibel meistens als »Teufel« bzw. »Satan« bezeichnet werden. Luzifer ist vermutlich jedem, der schon einmal die Schöpfungsgeschichte gelesen hat, bekannt. Er war es, der in der symbolischen Gestalt der Schlange Eva verführte.

Für die Zwecke dieses Buches ist es nicht notwendig, die beiden Widersacher näher zu charakterisieren sowie auf ihre Bestrebungen und die damit verbundenen Gefahren für uns Menschen einzugehen.

Das, was in dem nathanischen Jesus als eine junge Seele wirken sollte, musste von einer ganz jungen Mutter geboren werden. Maria, die Mutter dieses Knaben, war etwa fünfzehn Jahre alt, als sie ihn gebar. Nach der Rückkehr aus Bethlehem wohnte das Elternpaar mit dem Jesus, der ihr einziges Kind bleiben sollte, wieder in Nazareth.

Im konfessionellen Christentum wird gelehrt, dass Jesus von der Maria jungfräulich bzw. unbefleckt, also ohne einen menschlichen Zeugungsakt, empfangen worden sei. Somit wird Josef als »Ziehvater« und nicht als *leiblicher* Vater betrachtet. Eine menschliche Empfängnis ohne einen Zeugungsakt wäre ein Wunder, und Wunder gibt es nicht, zumindest nicht im herkömmlichen oder landläufigen Sinne.

So komplex und selbst für einen hohen Eingeweihten schwer verständlich oder gar unerforschlich vieles im Weltenprozess auch sein mag, es gibt für alles eine Erklärung, die von begnadeten Menschen gefunden werden kann, wenn es an der Zeit ist. Das, was man häufig als »Wunder« bezeichnet, so außergewöhnlich diese auch erscheinen mögen, durchbricht niemals die Ordnung der Naturgesetze. Rudolf Steiner sagte dazu: *»Es ist ein Aberglaube, anzunehmen, daß in dem gewöhnlichen Gang der Ereignisse dasjenige, was man als den gesetzmäßigen Zusammenhang erkannt hat, durch ein Wunder durchbrochen werden könne. Warum? Soviel muß geschehen nach notwendigen Regeln, als Vergangenes in den Ereignissen ist. Und würden die Götter in einem Zusammenhang dasjenige durchbrechen, was gesetzmäßig drinnen ist, so würden die Götter lügen; sie würden ableugnen das, was sie vor Zeiten festgestellt haben.«*[21]

Um die besonderen Leibesgefäße des Jesuswesens zuzubereiten, war eine ganz bestimmte Vererbungslinie notwendig. Nur auf diesem Wege konnte die Leiblichkeit des Jesusknaben aus den Blutzusammenhängen – heute würde man von Genen sprechen – seiner Vorfahren die benötigten Kräfte bekommen. Nicht umsonst legte Lukas so viel Wert darauf, diese Abstammungslinie bis hin zu *Adam* explizit anzugeben. Genau diese Vorfahren waren notwendig. Es hätte kein einziger aus dieser Linie durch einen anderen ersetzt werden dürfen. Das war die Wirkung des Heiligen Geistes oder – wie man auch sagen könnte – der weisen göttlichen Weltenlenker. Da die Generationenfolge mit »Josef« endet, wäre es geradezu absurd zu glauben, dass diese Josef-Persönlichkeit *nicht* der *leibliche* Vater gewesen wäre!

Was nun nicht ganz leicht zu verstehen ist, ist die Tatsache dass man die Maria, die Mutter des nathanischen Jesus, dennoch mit Fug und Recht als »Jungfrau« bezeichnen darf.
   Eine Empfängnis kann als *unbefleckt* bezeichnet werden, wenn sie bzw. der unmittelbar vorausgegangene Zeugungsakt unbewusst, also in einer Art Schlafzustand geschieht und somit keine sinnlichen Bedürfnisse, Begierden oder Lustempfindungen beteiligt sind.

Die Vorstellung, dass ein Zeugungsakt unbewusst erfolgen kann, fällt nicht ganz leicht. Heute wäre das auch nicht mehr möglich, sofern man kriminelle Handlungen wie etwa die Verabreichung von gewissen Betäubungsmitteln außen vorlässt. Aber selbst dann bliebe der Akt nur für die Frau im Unbewussten. Dass in unserer Zeit ein Mann einen Zeugungsakt vollzieht, ohne sich dessen bewusst zu werden, ist ganz unmöglich.

Heute fällt es den Menschen überhaupt schwer, sich vorzustellen, dass es irgendeine Verrichtung im *alltäglichen* Leben geben könnte, derer sie sich nicht voll bewusst sein könnten, die sie nicht mit ihrem Bewusstsein beleuchten und verstehen könnten. Solche Dinge gibt es aber sehr wohl.
   So werden wir uns etwa dessen nicht bewusst, was in unserem Körper *genau* geschieht, wenn wir Nahrung zu uns nehmen. Was da im Rahmen des Stoffwechsels alles vollzogen wird, können wir nicht bewusst nachvollziehen und verstehen. Hierbei ist weniger an das zu denken, was dabei

physiologisch vor sich geht, sondern an alles das, was sich hierbei im Geistigen vollzieht.

Oder – um ein ganz simples Beispiel zu haben – stellen Sie sich vor, Sie sitzen auf einem Stuhl und wollen eine Tasse, die vor Ihnen auf einem Tisch steht, ergreifen, um daraus zu trinken. Sie haben also den Willensimpuls, die Tasse zu ergreifen, die sie dann im Bruchteil einer Sekunde später in der Hand halten. Aber alles, was in Ihrem Körper notwendigerweise vorgegangen ist, um schließlich die Tasse in der Hand halten zu können, bleibt unter der Schwelle des Bewusstseins.

Betrachten wir ein noch deutlicheres Beispiel: Auch Ihnen ist sicherlich schon einmal etwas Zerbrechliches – etwa ein Glas – aus der Hand gefallen. Dann haben sie reflexartig versucht, dieses aufzufangen, damit es nicht auf den Boden fällt und zerbricht, was in einigen Fällen auch gelungen sein mag. Was da im Millisekunden-Bereich vor sich gegangen ist, konnte Ihnen nicht einmal ansatzweise bewusst werden.

Nehmen wir noch ein letztes Beispiel: Wer von uns wäre nicht schon einmal in der Situation gewesen, dass wir uns von einem Mitmenschen fürchterlich provoziert oder gereizt gefühlt hätten. Oftmals haben wird dann aus einem Affekt heraus ganz übertrieben reagiert. Das, was wir dann getan oder gesagt haben, ist einfach so aus uns herausgeplatzt. Wir haben für einen Augenblick die Kontrolle verloren und waren uns unserer Reaktion absolut nicht bewusst. Erst nach wenigen Augenblicken wird uns klar, was wir möglicherweise angerichtet haben.

Der Mensch ist eigentlich nur in seiner Sinnestätigkeit und in seinem Vorstellungsleben wach. Wenn es um das Fühlen geht, so ist er in einem traumähnlichen Zustand. Im Wollen schläft er.

Wie wir aus der Anthroposophie wissen können, gehörte in früheren Zeiten zu den Verrichtungen, die im Unbewussten verlaufen, auch der menschliche Zeugungsakt. So war das in urferner Vergangenheit absolut üblich und *vereinzelt* auch noch später bis zur Zeitenwende *möglich.* In der okkulten Sprache der Bibel ist das immer durch die Formulierung »Sie *erkannte ihn nicht*« oder »Sie *weiß nicht* von einem Mann« angedeutet. So formuliert das auch Lukas. Als der Erzengel Gabriel der Maria erscheint und ihr die Geburt Jesu verkündet, sagt Maria gemäß den üblichen Übersetzungen: »*Wie soll das geschehen, da ich doch von einem Mann nichts weiß?*«[22] *Emil Bock*, Gründungsmitglied der Christengemeinschaft, übersetzt diesen Vers so: »*Wie ist das möglich, habe ich doch nie einen Mann erkannt?*«

Das ist ein deutlicher Hinweis darauf, dass Maria sich des Zeugungsaktes nicht bewusst war und sie sich somit nicht erklären konnte, schwanger zu sein. Dieser Zeugungsakt erfolgte in einer Art Schlafzustand, der dem Bewusstsein entspricht, das die *Pflanzen* haben. Es ist gewiss kein Zufall, dass man ja auch heute noch von »Fort*pflanz*ung« und nicht etwa von »Fort*tier*ung« oder »Fort*mensch*ung« spricht. Das scheint ein deutlicher Hinweis darauf zu sein, dass der menschliche Zeugungsakt in früheren Zeiten in einem Bewusstseinszustand erfolgte, den die Pflanzen haben. Auch die Tatsache, dass bis heute der Ausdruck »miteinander *schlafen*« benutzt wird, zeugt noch von einem verschütteten Wissen, dass die menschliche Fortpflanzung früher in einem Zustand, den wir ansonsten im Schlaf haben, vollzogen wurde.

Somit waren beim Zeugungsakt des nathanischen Jesusknaben bei der Maria keine sinnlichen Begierden, Lustgefühle oder dergleichen beteiligt. Man kann also diese Mutter als »geistig-seelische Jungfrau« bezeichnen. Diese Erkenntnis nimmt der Mutter des nathanischen Jesus nichts von ihrer Verehrungswürdigkeit.

Es ist im Grunde nicht verwunderlich, wenn diejenigen, die an eine jungfräuliche Geburt im *wörtlichen* Sinne glauben, verspottet und ausgelacht werden. Es ist allerdings sehr einfach, sich über etwas lustig zu machen, das man nicht versteht. Würden die Spötter aber die tiefen Hintergründe kennen, würde ihnen das Lachen vergehen...

Der nathanische Jesus zeigte keine Begabung für äußere kulturelle Dinge. Er hatte kein Talent, um das zu lernen, was an Kulturgütern vorhanden war. Dafür hatte er überhaupt keine Neigung. Das war ihm alles fremd, weil in ihm etwas geboren wurde, was die gesamte Entwicklung der Menschheit nicht mitgemacht hatte. Er hatte allerdings eine sehr tiefe gemütvolle Innerlichkeit. Das Seelisch-Gemütvolle war in ihm besonders stark ausgeprägt.

Wie auch in einigen Legenden berichtet wird, konnte dieses Kind unmittelbar nach der Geburt sprechen. Es war allerdings eine eigentümliche Sprache, die von den Menschen seines Umfeldes nicht verstanden werden konnte. Nur seine Mutter konnte aus ihrer Herzensempfindung heraus die Bedeutung der Worte erahnen.

Bei dem nathanischen Jesus war besonders dasjenige sehr stark ausgeprägt, was man als Herzenseigenschaften bezeichnen könnte. Eine ungeheure Liebesfähigkeit sowie eine ungeheure Hingebungsfähigkeit zeichneten dieses Kind aus. Vom ersten Tage seines Lebens übte er durch seine bloße Gegenwart oder auch durch seine Berührungen wohltätige Wirkungen aus, die man heute vielleicht »magnetische Wirkungen« nennen würde. Er fühlte Leid und Freude anderer Menschen als sein eigenes Leid und seine eigene Freude und konnte sich sehr tief in die Seelen anderer Menschen hineinversetzen.

Auch sein Astralleib war ein ganz außergewöhnlicher. In diesen senkte sich dasjenige, was als nicht leibliche Verkörperung des *Buddha* bezeichnet werden kann. Buddha war es auch, der in Form der himmlischen Heerscharen den Hirten im Bilde erschienen ist. Er hatte also einen astralischen Leib angenommen, durch den er hineinwirken konnte auf die

Erde. Der Buddha war von Beginn an verbunden mit dem nathanischen Jesusknaben, in dessen astralischer Aura er gefunden werden konnte.

Das wird im Lukas-Evangelium tiefsinnig angedeutet. Es geht um die Szene, wo der alte Simeon das Jesuskind bei der Darbringung im Tempel sieht. Aus dem Lukas-Evangelium sind uns ja seine Worte überliefert: *»Nun entlässest du, o Gebieter, deinen Knecht in Frieden, wie du es verheißen. Denn meine Augen haben dein Heil gesehen.«*[23] Üblicherweise werden diese Worte heute so interpretiert, dass Simeon so entzückt gewesen sei, weil er in dem Kind den von den Juden erwarteten Messias erkannt habe. Das entspricht allerdings nicht ganz den Tatsachen. Um dieses Geheimnis verstehen zu können, muss etwas weiter ausgeholt werden. Rudolf Steiner verwies auf eine indische Legende, die in vollem Einklang mit seinen geistigen Forschungsergebnissen steht.[24]

Also, knapp 600 Jahre vor unserer Zeitrechnung, als der Königssohn *Gautama Buddha* geboren wurde, der später der Buddha werden sollte, lebte ein merkwürdiger Weiser namens *Asita*. Durch seine hellseherischen Fähigkeiten hatte er erfahren, dass der Bodhisattva geboren worden war. Er sah sich den Knaben im Königshause an und war voller Enthusiasmus. Als Asita anfing zu weinen, fragte ihn der König, warum er weine. Darauf entgegnete er: »Ich bin traurig, weil ich als alter Mann es nicht mehr erleben werde, diesen als Buddha zu schauen.« Dann starb Asita.

Der Bodhisattva wurde zum Buddha und stieg dann zu Beginn unserer Zeitrechnung aus der geistigen Welt herab und vereinigte sich mit der Aura des nathanischen Jesusknaben, um sein Scherflein an dem großen Ereignis in Palästina beizutragen.

Durch eine karmische Verknüpfung wurde Jahrzehnte zuvor Asita als Simeon wiedergeboren. Und dieser sieht jetzt als alter Mann den Buddha in der Aura des Jesuskindes, was ihm in seiner Inkarnation als Asita nicht vergönnt war und so traurig stimmte. Er hält den Knaben in seinen Armen und sagt sinngemäß: »Nun entlässest du, o Gebieter, deinen Knecht in Frieden, wie du es verheißen. Denn ich habe meinen Meister gesehen, den Buddha in der Aura des Jesuskindes.«

Dass auch Buddha notwendigerweise zu den Vorläufern Christi und den Vorbereitern der Erdenmission des Gottessohnes gehörte, mag für viele sehr überraschend sein.

Man könnte abschließend vielleicht noch fragen, warum die Eltern des nathanischen Jesusknaben nicht mit ihm geflohen sind, um dem von Herodes angeordneten Kindermord zu entgehen. Zumindest schreibt Lukas nichts darüber. Nun, wie wir von Rudolf Steiner wissen, wurde dieser Knabe ein paar Monate später geboren als der, von dem Matthäus schildert. Als er zur Welt kam, waren diese Gräueltaten schon vorbei, so dass nicht mehr die Gefahr bestand, getötet zu werden. Folglich gab es auch keine Notwendigkeit zu fliehen.

8 Der salomonische Jesusknabe[18]

Kommen wir nun zu dem anderen Jesusknaben, der ein paar Monate älter als der nathanische war und von dem nur Matthäus schildert.

Zur Erinnerung: Es ist dasjenige Jesuskind, das in einem Haus in Bethlehem, in dem seine Eltern, Josef und Maria, wohnten, zur Welt kam. Aus seiner Kindheit wird im Evangelium noch berichtet, dass er von den drei Weisen aus dem Morgenland aufgesucht wurde, die ihm huldigten und Gold, Weihrauch und Myrrhe darbrachten und dass seine Eltern mit ihm nach Ägypten fliehen mussten, weil König Herodes das Kind suchen und töten lassen wollte.

Dieser Jesus wurde von Rudolf Steiner als »*salomonischer Jesusknabe*« bezeichnet, weil er ein Nachfahre *Salomons*, einem anderen Sohn von König David, war. Er stammte aus der königlichen Linie des Hauses David.

Wenn man einmal ganz unbefangen und losgelöst von den üblichen Ansichten und Deutungen die Überlieferung von den drei Weisen bzw. Sternenkundigen aus dem *Morgenland* im Matthäus-Evangelium[25] liest, müsste sich doch die Frage ergeben: Wie kann man eigentlich einen Sinn damit verbinden, dass diese eine so weite Wegstrecke auf sich nahmen, um einem neugeborenen Kind, dem von den Juden erwarteten Messias, ihre Ehrerbietung zu erweisen? Was hatten diese Persönlichkeiten für ein Interesse daran, einen möglichen späteren König eines gänzlich anderen Landstriches aufzusuchen?

Die Antwort erhalten wir aus der Anthroposophie.

Das Ich, das sich in den salomonischen Jesusknaben einsenkte, also der unsterbliche geistig-seelische Wesenskern, der von Inkarnation zu Inkarnation schreitet, war das des legendären *Zarathustra*. Das Jesuskind, von dem Matthäus schildert, war der wiedergeborene Zarathustra, der Begründer und Inspirator der urpersischen Kultur. Schon in seiner Verkörperung als Zarathustra war er ein hoher Eingeweihter und Religionslehrer. Er sprach auch von dem großen Sonnengott *Ahura Mazdao*, der eines Tages als Mensch auf die Erde kommen werde, und seinem großen Gegenspieler Ahriman. Er lehrte seine Schüler die Zeichen, die am Himmel erscheinen müssten, wenn der Sonnengott, der Christus, auf die Erde hinabsteigen würde. Eine so hohe Individualität wie der Zarathustra ist durch seine fortgeschrittene Ich-Entwicklung zu Großem berufen.

Das Ich des Zarathustra verkörperte sich auch in anderen Persönlichkeiten immer wieder. So wurde er unter anderem etwa 600 Jahre vor seiner Jesus-Inkarnation wiedergeboren und erschien im alten Chaldäa als *Zarathas* bzw. *Nazarathos*.[26]

In seiner Inkarnation als Zarathas oder Nazarathos wurde er der Lehrer von *Pythagoras* und den chaldäischen Weisen und Magiern. Insbesondere die weisesten der hebräischen Geheimschüler kamen mit ihm in Berührung. Auch einige der Propheten des Alten Testaments standen unter seinem Einfluss. Die nächsten sechs Jahrhunderte waren für die Geheimschulen erfüllt von den Lehren, Traditionen und Kulten, die von Zarathustra in seiner Verkörperung als Zarathas herrührten. Der große Meister wurde von den folgenden Generationen der Geheimschüler auf das Höchste verehrt. Man wartete sehnsüchtig darauf, dass ihr großer Lehrer und Führer wieder auf der Erde erscheinen werde. Als dann die Zeit kam, dass alles für die nächste Inkarnation ihres Meisters bereitet war, da machten sich die drei Abgesandten, die wir als die drei »Weisen«, »Sternenkundige« oder »Magier« aus dem Morgenland kennen, auf den Weg zur Geburtsstätte. *»Sie wußten, daß der verehrte Name des Zarathustra selber wie ihr Stern sie führen würde nach jenem Orte, wo die Wiederinkarnation des Zarathustra stattfinden sollte. Es war die Wesenheit des großen Lehrers* *selber, die als der ›Stern‹ die drei Magier hinführte zur Geburtsstätte des salomonischen Jesus des Matthäus-Evangeliums. – Auch das ist ja selbst äußerlich philologisch zu belegen, daß in der Tat das Wort ›Stern‹ als Name für menschliche Individualität in alten Zeiten gebraucht worden ist. [...] (Daraus) könnte sich schon manchem ergeben, daß unter dem Stern, der die Weisen führte, Zarathustra selbst zu verstehen ist.«* [27]

Nachdem sie dann das Jesuskind, also ihren reinkarnierten Meister, in dem besagten Haus gefunden hatten, legten sie ihm die alten Weisheitsschätze in Form von Weihrauch, Gold und Myrrhe zu Füßen. Damit *»wiesen sie gleichsam darauf hin, wie das, was als Kulturkeime in diesen Zeiträumen gewirkt hat, nur dadurch für die Menschheit gerettet werden kann, wenn es durchzogen wird von der Christus-Kraft, die einmal dieses Kindlein beseelen wird.«*[28] Gold ist das Symbolum für das Denken, Weihrauch für das Fühlen und Myrrhe für die Kraft des Wollens. Damit waren die drei menschlichen Seelenkräfte umfasst.

Die Individualität des Zarathustra, die in vielen Verkörperungen Großartiges bewirkt hat, darf man sicher als eine der vollkommensten und erhabensten menschlichen Individualitäten der Weltgeschichte bezeichnen. Diese Individualität wurde also nun in dem salomonischen Jesusknaben wiedergeboren.

Diese Inkarnation einer so hochstehenden Individualität brauchte natürlich einen möglichst vollkommenen physischen Leib mit all den Eigenschaften die er benötigte.

»Wenn aber der physische Leib eines Menschen in dieser Weise vollkommen werden soll, wenn er so brauchbar werden soll, wie er für Zarathustra brauchbar sein sollte, dann durfte nicht bloß der physische Leib des Menschen vollkommener werden. Es ist natürlich unmöglich, daß für sich allein, herausgerissen aus dem ganzen Menschen, nur der physische Leib des Menschen vollkommen werde. Es mußten

alle drei Hüllen nach und nach sich vervollkommnen durch physische Vererbung. Was also dem physischen Menschen, dem ätherischen und dem astralischen Menschen auf dem Wege durch die physische Vererbung gegeben werden kann, das mußte ihm gegeben werden in den aufeinanderfolgenden Generationen.« [29]

Wenn man bedenkt, ein wie hoch entwickeltes Ich in den salomonischen Jesus eingezogen ist, so ist auch nicht verwunderlich, dass dieser Jesusknabe ein in höchstem Maße frühreifes und überaus kluges Kind war. Dadurch, dass sein Ich bereits solche Inkarnationen durchgemacht hatte, hatte er die Fähigkeit, leicht ein Verständnis zu finden für alles, was in seiner Umgebung als Errungenschaften dessen vorhanden war, was sich die Menschheit in der fortlaufenden Kultur erobert hat. Dieser Knabe nahm alles mit einer großen inneren Genialität auf, was an Wissen in der Menschheit verfügbar war. Er erwies sich in höchstem Maße begabt für alles, was die Menschheitskultur bis dahin an schulmäßig Erlernbarem hervorgebracht hatte. Heute würde man von einem »hochbegabten Kind« sprechen. Dadurch unterschied er sich radikal von dem anderen Jesusknaben, dem aus der nathanischen Linie.

Nach der Rückkehr aus Ägypten siedelten die Eltern mit dem kleinen Jesus von Bethlehem nach Nazareth um. Hier bekamen sie noch sechs weitere Kinder. Der salomonische Jesus hatte also sechs Geschwister, vier Brüder sowie zwei Schwestern. Jetzt wohnten also beide Jesus-Familien in Nazareth in unmittelbarer Nachbarschaft und unter freundschaftlichen Beziehungen. Nun lebte der Jesus, der der wiederverkörperte Zarathustra war, in der Nähe desjenigen Jesusknaben, der die andere Strömung, den Buddhismus darstellte. So wurden im Konkreten die beiden Weltanschauungen zusammengeführt.

Beide Knaben wuchsen heran und entwickelten sich bis zu ihrem ungefähr zwölften Lebensjahr.

9 Jesus von Nazareth[18]

Nun ergeben sich einige sehr spannende Fragen: Wie ging es mit diesen beiden Jesusknaben weiter? Welcher ist oder wird derjenige, den man den »Jesus von Nazareth« nennt und der schließlich zum Träger des Christus wird?

Über das Leben des jungen Jesus – genauer der beiden jungen Jesuskinder – geben uns die Evangelien keine Auskunft. Mit Ausnahme der Schilderungen, die sich auf die Geburten oder die ersten Monate ihres Erdenlebens beziehen, beginnen die Evangelisten erst wieder über Jesus zu schildern, als dieser in seinem 30. Lebensjahr zum Jordan ging, um sich von Johannes dem Täufer taufen zu lassen.

Es gibt allerdings eine Ausnahme: Lukas erzählt etwas außerordentlich Interessantes über den zwölfjährigen Jesus: *»Und seine Eltern zogen jedes Jahr zum Passahfeste nach Jerusalem. Als er zwölf Jahre alt geworden war, gingen sie nach der Sitte des Festes mit ihm hinauf. Als sie aber am Ende der Festtage heimkehrten, blieb der Knabe Jesus in Jerusalem zurück, ohne dass seine Eltern davon wussten. In der Meinung, er sei bei den Reisegefährten, zogen sie eine Tagereise weit und suchten ihn unter den Verwandten und Bekannten. Und als sie ihn nicht fanden, kehrten sie nach Jerusalem zurück und fanden ihn im Tempel. Er saß mitten unter den Lehrern und hörte ihnen zu und richtete Fragen an sie; und alle, die ihn hörten, gerieten außer sich über sein Verständnis und seine Antworten.«*[30]

Bis zu diesem Punkt wird jemand, der diese Verse liest und nicht über dasjenige spirituelle Hintergrundwissen verfügt, wie es in diesem Buch vermittelt werden soll, noch nicht aufmerken. Wir aber wissen jetzt, dass es sich bei dieser Schilderung um den *nathanischen* Jesusknaben handelt, weil sie von Lukas stammt. Und dieser Jesus war ja ein ungebildeter Junge, der weder Interesse noch Verständnis für das zeigte, was das kulturelle Leben der damaligen Zeit zu bieten hatte. Wir müssen also sehr wohl verblüfft sein, dass vermeintlich *dieser* Jesusknabe die klügsten Männer Jerusalems mit seinen Fragen und Antworten in höchstes Erstaunen versetzte.

Nun lässt Lukas zwei Verse später einen Satz folgen, in den er ein großes Mysterium der Weltgeschichte hineingeheimnisst. Er sagt, dass Jesu Eltern seine Worte nicht verstanden bzw. dass sie ihn nicht wiedererkannten. Wie könnten Eltern ihren Sohn, den sie seit zwölf Jahren kennen, nicht mehr verstehen oder gar nicht mehr wiedererkennen, obwohl sie nur drei Tage von ihm getrennt waren? Kein normales Kind könnte sich in einer so kurzen Zeitspanne derart verändern, dass seine Eltern es nicht mehr verstehen oder wiedererkennen könnten! An dieser Stelle müsste eigentlich jeder Leser aufhorchen. Man kann doch geradezu mit Händen greifen, dass sich hinter dieser Formulierung ein großes Mysterium verbirgt.

Es muss doch etwas Gewaltiges geschehen sein! Was aber ist geschehen? Die Aufklärung konnte Rudolf Steiner durch seine Geistesschau in der unvergänglichen Akasha-Chronik, in die sämtliche Ereignisse der Weltgeschichte eingeschrieben sind und für alle Zeiten eingeschrieben bleiben, finden und uns geben.

Also machen wir uns auf den Weg, dieses Mysterium zu durchschauen.

Wenn man einmal vom Schlaf absieht, so verlässt das Ich eines Menschen erst im Augenblick des Todes die menschliche Organisation, die Leibeshüllen. Zusammen mit dem Astral- und Ätherleib lässt es den physischen Leib als Leichnam zurück und geht in die höheren Welten. Das ist zumindest der absolute Normalfall. Es gibt allerdings auch Ausnahmen. *»Es kommt vor, daß eine Individualität auf einer gewissen Entwickelungsstufe andere Bedingungen* *braucht, als sie von Anfang an gegeben wurden. Daher kommt es immer wieder vor, daß ein Mensch bis zu einem gewissen Lebensalter heranwächst – und dann auf einmal in Ohnmacht fällt und wie tot ist. Da geht dann eine Umwandlung vor sich; es verläßt ihn sein eigenes Ich, und ein anderes Ich nimmt in seiner Körperlichkeit Platz. Eine solche Umlagerung des Ich findet auch in anderen Fällen statt; das ist eine Erscheinung, die jeder Okkultist kennt.«*[31]

Bei den zwölfjährigen Jesusknaben war folgendes geschehen: Dasjenige Ich, das Zarathustra-Ich, das bis dahin den Körper des salomonischen Jesus gebrauchte, um auf die Höhe seiner Zeit kommen zu können, drang aus dem Körper dieses Jesus heraus und senkte sich in den nathanischen Jesus ein, der daher wie ein ganz anderer, wie ein verwandelter Mensch erschien, so dass seine Eltern ihn nicht wiedererkannten und seine Worte nicht verstehen konnten. Denn jetzt sprach aus dem als wenig gebildet bekannten nathanischen Jesus das weise Zarathustra-Ich, das in ihn übergegangen war. Etwas plakativ formuliert könnte man sagen, dass die beiden Jesusknaben miteinander verschmolzen wurden. Ja, die Wahrheiten der Welt sind kompliziert!

Von nun an lebte also in dem Knaben, von dem Lukas berichtet, in dessen Astralleib sich der Buddha eingesenkt hatte, das weise Zarathustra-Ich. Es war jetzt also das Ich des salomonischen Knaben in den drei Hüllen des nathanischen. Erst wenn man das weiß, wird verständlich, dass derjenige Jesus, dessen physischer Leib, Ätherleib und Astralleib jetzt das Gefäß für das Zarathustra-Ich bildete, so weise reden konnte und von seinen Eltern nicht wiedererkannt wurde.

Dieses Wissen war in einigen esoterischen Kreisen des frühen Christentums durchaus vorhanden, auch wenn es kaum schriftliche Dokumente gibt. Einen zarten Hinweis kann man im apokryphen Thomas-Evangelium finden, das auch als »Ägypter-Evangelium« bezeichnet wird und aus 114 Sprüchen bzw. kurzen Textsequenzen besteht. Im 22.

Spruch heißt es, *»[...] dass das Heil in der Welt erscheinen wird, wenn die Zwei Eines und das Äußere wie das Innere werden wird.«* Damit wird hingedeutet auf dasjenige, was tatsächlich geschehen ist. Das Heil für die Menschheit war in der Tat zunächst davon abhängig, dass die *zwei* Jesus-Persönlichkeiten *eine* wurden. *»Und sie wurden einer, als im zwölften Jahr die Zarathustra-Individualität überging in den nathanischen Jesus, und das Innere wurde äußerlich. Die Seelenkraft des Jesus des Lukas-Evangeliums war etwas gewaltiges Innerliches. Aber dieses Innerliche wurde ein Äußerliches, indem die Zarathustra-Individualität, die an dem Äußeren, an dem physischen Leib und Ätherleib des salomonischen Jesus sich herangebildet hatte, diese Innerlichkeit durchdrang und sie gleichsam mit den Kräften durchsetzte, die am physischen und Ätherleibe herangebildet waren.«*[32]

Wie bereits erwähnt sind im Spätmittelalter und auch noch in der frühen Neuzeit einige Gemälde geschaffen worden, auf denen neben der Mutter Jesu – und manchmal noch anderen Persönlichkeiten – *zwei* etwa gleichaltrige Knaben zu sehen sind.

Theologen, die nicht von den zwei Jesusknaben wissen oder diese Tatsache ins Reich der Fabeln verweisen, vertreten die Auffassung, dass es sich bei dem zweiten Jungen um Johannes den Täufer handele, von dem bekannt ist, dass er etwa im gleichen Alter wie die beiden Jesusknaben war und dass sie miteinander bekannt waren.

Es soll nicht ausgeschlossen werden, dass es in der Intention *einiger* Künstler gelegen haben mag, Jesus und Johannes darzustellen. Einigen Malern war aber durchaus bekannt, dass es zwei Jesusknaben gegeben hat. Sie wollten auf ihren Gemälden *diese* beiden darstellen.

Ein besonders bemerkenswertes Bild befindet sich in der frühchristlichen Kirche Sant'Ambrogio in Mailand. Es stammt aus der Schule des *Borgognone*, der von etwa 1450 bis 1523 lebte.

Im Zentrum des Bildes sitzt der zwölfjährige Jesus auf einem erhöhten Platz im Tempel, wo er die Schriftgelehrten, die sich links von ihm befinden, unterweist. Rechts von ihm sind seine Eltern zu sehen. Bis dahin ist ja noch alles ganz gut verständlich.

Abbildung: **Der zwölfjährige Jesus im Tempel** (Schule des Borgognone)

Aber wer ist der Knabe, der vorne links ins Bild gesetzt wurde und gerade im Begriff zu sein scheint, den Tempel zu verlassen? Die beiden Knaben sind offensichtlich etwa gleich alt und weisen auch eine gewisse Ähnlichkeit auf. Wie man auf dem Originalgemälde deutlich besser als auf dem Foto sehen kann, ist der Knabe vorne links recht blass. Auch sein Kleid ist etwas ausgebleicht.

Dieses Bild ist ein klares Indiz dafür, dass in eingeweihten Kreisen früherer Jahrhunderte das Geheimnis von den zwei Jesusknaben, das der Maler hier grandios in Szene setzt, durchaus bekannt war. Jemand, der dieses Mysterium nicht kennt, hat im Grunde keine Chance, dieses Gemälde sachgemäß zu interpretieren.

Für uns liegt die Interpretation auf der Hand.

Auf dem erhöhten Stuhl sitzt der, den man jetzt als Jesus von Nazareth bezeichnen kann. Es sind die körperlichen Hüllen des nathanischen Jesusknaben, in die kurze Zeit zuvor das weise Ich des Zarathustra eingezogen ist. Der Knabe im Vordergrund trägt noch die Leiblichkeit des salomonischen Knaben, der, nachdem ihn das Zarathustra-Ich verlassen hat, in Kürze durch die Pforte des Todes schreiten wird. Dieser scheint im Moment im Mittelpunkt des Interesses zu stehen. Aller Augen sind auf ihn gerichtet. Die Blicke haben etwas Wehmütiges, etwas von Abschiednehmen.

Wenn man über »Jesus von Nazareth« spricht, so ist damit derjenige Mensch gemeint, der durch so wundersame und komplizierte Vorgänge bzw. Umwandlungen ›entstanden‹ ist und anschließend achtzehn Jahre in der beschriebenen Konstitution auf der Erde wandelte. Es gehen einem die Attribute aus, wenn man diese erhabene Persönlichkeit beschreiben möchte. Man kann vermuten, dass es weder zuvor noch später jemals einen höher entwickelten Menschen gegeben haben dürfte. Um so lächerlicher ist es, dass er vielfach – auch oder sogar gerade in Kreisen des konfessionellen Christentums – als »schlichter Mann von Nazareth« bezeichnet wird.

Wie ging es nun mit dem salomonischen Jesus weiter? Dieser Jesus hätte sich ohne sein strahlendes Zarathustra-Ich, das ja jetzt im nathanischen Jesus wohnte, irdisch nicht mehr weiterentwickeln können. Es begann ein Siechtum, eine Art Absterben, ein Verdorren, so dass der Knabe kurze Zeit später starb, etwa zur gleichen Zeit als die Mutter des nathanischen Knaben gestorben war.

Der Josef aus der salomonischen Linie war schon recht früh gestorben. Seine Gattin wurde mit ihren sechs Kindern im Hause des nathanischen Josef aufgenommen. Somit bestand diese neue Hausgemeinschaft aus dem Vater des nathanischen, der Mutter und den Geschwistern des salomonischen Knaben und natürlich aus dem Jesus von Nazareth, so dass der Zarathustra jetzt wieder bis auf den bereits verstorbenen Vater mit derjenigen Familie zusammenlebte, in die er sich hineininkarniert hatte. Die beiden Familien waren ja schon seit Jahren freundschaftlich miteinander verbunden.

Es entwickelte sich dieser nathanische Jesus, der in seinem zwölften Lebensjahr zum Träger des Zarathustra-Ichs wurde und von da an als *der* »Jesus von Nazareth« bezeichnet werden kann, mit all seinen Fähigkeiten, die sich dieses Ich in seinen früheren Inkarnationen erworben hatte, bis zu seinem dreißigsten Lebensjahr. *»Bis zum dreißigsten Jahre lebte der Geist des Zarathustra in dem Jesus-Jüngling, der aus der nathanischen Linie des Hauses David stammte. In diesem anderen Körper reifte er heran zu einer noch höheren Vollendung. Noch ist zu bemerken, daß in diesem andern Körper, in dem jetzt der Geist des Zarathustra lebte, das Eigentümliche war, daß in dessen Astralleib der Buddha seine Impulse aus der geistigen Welt einstrahlen ließ.«*[33]

Sie können nun die Evangelien noch so genau studieren – Sie werden nichts finden, was die folgenden achtzehn Jahre von der Tempelszene bis zur Jordantaufe der auf so komplizierte Art herangereiften Jesus-Wesenheit, des Jesus von Nazareth, beleuchten würde. Man kann ja nicht annehmen, dass ein so unfassbar hoch entwickelter Mensch in dieser Zeit nichts erlebt oder bewirkt hätte, was einer Erwähnung bedürfte.

Man sollte aber bedenken, dass in den ersten 33 Jahren unserer Zeitrechnung in Palästina so unfassbar viel geschehen ist, dass die Evangelisten nur einen Bruchteil davon schildern konnten. Darauf verweist auch Johannes am Ende seines Evangeliums. Er schreibt, dass die Welt nicht genügend Bücher aufweisen würde, wenn man alles, was geschehen ist, aufschreiben wollte.[34]

Auch hier ist es wieder Rudolf Steiner zu verdanken, dass wir heute vieles über diese achtzehn Jahre erfahren können. Das, was er über das Leben des Jesus von Nazareth aus dieser Zeit aus der Akasha-Chronik gewonnen hat, kann man mit Fug und Recht als *»Fünftes Evangelium«* bezeichnen. Einem Leser, der an dem weiteren Leben Jesu bis zur Taufe am Jordan interessiert ist, kann Steiners Vortragszyklus *»Aus der Akasha-Forschung – Das Fünfte Evangelium«* (GA 148) ans Herz gelegt werden.

Wir wollen im Folgenden das, was Rudolf Steiner über diese achtzehn Jahre im Leben des Jesus von Nazareth sagte, mit ein paar Strichen nachzeichnen.

Jesu Auftritt im Tempel, als er als Zwölfjähriger alle, die zugegen waren, mit seiner Klugheit und Weisheit, die aus seinem Zarathustra-Ich strömten, erstaunte, sprach sich in seiner Umgebung herum.

»Es war wirklich etwas in seiner Seele wie ein Aufgehen innerlich liegender Weisheitsschätze, etwas, wie wenn aufgeleuchtet hätte in der Form der jüdischen Gelehrsamkeit die Sonne des einstigen Zarathustra-Weisheitslichtes.«[35]

Das äußerte sich in der Folgezeit darin, dass er die zahlreichen Schriftgelehrten, die in sein Elternhaus kamen, immer wieder mit der Art überraschte, wie er das, was sie sprachen, aufnahm, und dass er sie mit seinen klugen Antworten und Ausführungen in Erstaunen versetzte. Man sah in ihm ein Wunderkind heranwachsen, das einmal eine ganz außerordentlich hohe Stufe der Schriftgelehrsamkeit erreichen werde. Man setzte ungeheure Hoffnungen in ihn. Die Menschen saugten alles, was er sagte, auf.

Jesus wurde aber im Laufe der Zeit immer schweigsamer. Er hörte dem, was die anderen sagten, nur noch schweigend zu. *»Dabei gingen ihm aber immer große Ideen, Sittensprüche, namentlich bedeutsame, moralische Impulse in jenen Jahren in der eigenen Seele auf.«*[36]

Das, was er von den Schriftgelehrten hörte, verursachte in seiner Seele große Traurigkeit und Bitterkeit. Schon in diesen jungen Jahren hatte er das Gefühl, dass in dem, was die Schriftgelehrten über die alten Traditionen und die Schriften des Alten Testaments sagten, vieles zum Irrtum Neigende stecken müsse. Besonders bedrückte es ihn, wenn er hörte, dass früher der Geist über die Propheten gekommen und Gott selber inspirierend zu ihnen gesprochen habe und dass jetzt diese Inspirationen nicht mehr vorhanden seien.

In seinem sechzehnten oder siebzehnten Lebensjahr hatte Jesus den Eindruck, wie wenn ihm der Boden unter den Füßen entzogen wäre, und er hatte manche Tage, wo er sich sagen musste: *»Alle Seelenkräfte, mit denen ich glaubte begnadet zu sein, sie bringen mich nur dazu, zu begreifen, wie in der Substanz der Evolution des Judentums kein Vermögen mehr besteht, heraufzureichen zu den Offenbarungen des Gottesgeistes.«*[37] Er ahnte erstmals, dass die Zeit herannahte, in der ein ganz neuer und gewaltiger Impuls aus geistigen Höhen in die Menschheit kommen musste. Das war das erste prägende Erlebnis in der Seele des jungen Jesus.

In seinen Jugendjahren, als er sechzehn bis achtzehn Jahre alt war, machte Jesus viele Reisen. Diese waren durch sein Handwerk, zum Teil aber auch durch andere Umstände bedingt. Auf diesen Reisen lernte er etliche Gegenden in Palästina und auch außerhalb Palästinas kennen. Über die Gegenden, in die er kam, hatten sich in dieser Zeit verschiedene heidnische Kulte verbreitet, insbesondere der Mithras-Kult. An vielen Orten gab es Tempel oder Kultstätten, an denen der Mithras-Dienst verrichtet wurde.

Jesus lernte in diesen Jahren und auch noch später bis etwa zum vierundzwanzigsten Jahr bei seinen Wanderungen die Seele der Heiden durch äußere Anschauung kennen. In Jesu Seele war das in hohem Maße naturgemäß ausgebildet, was andere Menschen sich nur mühsam aneignen konnten: eine hohe hellseherische Kraft. Aufgrund dieser Fähigkeit erlebte er etwas ganz anderes, wenn er bei den kultischen Verrichtungen zuschaute, als alle anderen. Dabei hat er so manche erschütternde Ereignisse wahrnehmen müssen. So sah er, dass durch die Opferhandlungen der heidnischen Priester allerlei dämonische Wesen herangezogen wurden. Besonders erschütterte es ihn, dass die bösen, dämonischen Wesen in vielen Fällen in die in gutem Glauben teilnehmenden Bekenner übergingen und sie von sich besessen machten.

Jesus empfand stets eine unendliche Traurigkeit in seiner Seele, wenn er erkennen musste, dass das einstmals so glorreiche Heidentum es dahin gebracht hatte, diese Dämonen für Götter zu halten.

Als er vierundzwanzig Jahre alt war, kam er an einen Ort, wo an einer heidnischen Kultstätte einer bestimmten Gottheit geopfert wurde. Ringsherum nahm er nur traurige Menschen wahr, die von allen möglichen seelischen und körperlichen Krankheiten befallen waren. Die Priester hatten die Kultstätte längst verlassen. Jesus hörte, wie das Volk jammerte, dass die Segnungen der Opferhandlungen nicht mehr auf sie wirken konnten und sie krank und aussätzig geworden waren, weil die Priester und mit ihnen die Götter sie verlassen hatten. Jesus hatte großes Mitleid mit diesen Menschen und eine unendliche Liebe zu den Bedrückten flammte in seiner Seele auf.

Die Leute spürten das; sie erkannten die unendliche Liebe auf seinem Antlitz; das machte einen tiefen Eindruck auf sie. In ihren Herzen entstand etwas, das sie glauben ließ, Jesus sei der neue zu ihnen gesandte Priester. Sie drängten ihn zum heidnischen Opferaltar und verlangten, dass er den Opferdienst verrichte, damit der Segen ihres Gottes wieder über sie komme.

Während die Leute ihn zum Altar führten, fiel Jesus wie tot hin, und seine Seele war wie entrückt. Das Volk war entsetzt und verzweifelt, dass der wie tot da lag, den sie für den vom Himmel geschickten Priester hielten.

Die entrückte Seele Jesu fühlte sich erhoben in die geistigen Reiche. Nachdem Jesus wieder zu sich gekommen war, war die Menge der Mühseligen und Beladenen, die ihn zum Opferdienst drängen wollten, entflohen. Mit hellseherischem Blick sah er die Schar der dämonischen Wesen, die mit diesen Leuten verbunden waren.

Das war das zweite bedeutsame Ereignis in der Seelenentwicklung des Jesus von Nazareth, durch das er nun wie umgewandelt war. Seine Seele musste die Abgründe der Menschennatur schon in diesen jungen Jahren erleben, bevor es zum Ereignis der Jordan-Taufe kam. Er war nun nicht nur ein Mensch mit dem Blick und dem Wissen eines Weisen, sondern er war durch das Leben auch zu einem Eingeweihten geworden. *»Gewiß hatte keiner auf der Erde all diesen menschlichen Jammer so tief geschaut als Jesus von Nazareth, keiner jene unendlich tiefe Empfindung in seiner Seele gehabt wie er, als er jenes von Dämonen besessene Volk geschaut hatte. Gewiß war keiner auf der Erde so* *vorbereitet auf die Frage: Wie kann der Verbreitung dieses Jammers auf der Erde Einhalt getan werden?«*[38]

Als Jesus von dieser Reise wieder nach Hause zurückkehrte, hatte er in der Seele ganz lebendig den gewaltigen Eindruck der dämonischen Wirkungen, die sich in das, was im Heidentum lebte, hineingesenkt hatten. Es war etwa die Zeit, als sein Vater starb.

In Nazareth gab es eine Niederlassung des Essäerordens, der nun ins Blickfeld des Jesus von Nazareth trat. In diesem Orden hatten sich an verschiedenen Orten Palästinas etwa 5.000 Menschen zusammengefunden, die eine Art Geheimlehre pflegten. Es war ein sehr strenger Orden, der nur Bewerber aufnahm, die sich über einen Zeitraum von mindestens einem Jahr strengen Prüfungen unterzogen hatten. In diesen mussten sie auf mannigfache Art zeigen, dass sie würdig waren, um eingeweiht werden zu können. Die Essäer lebten in klösterlicher Zucht und in gewisser Absonderung von der übrigen Menschheit. Ihr privates Vermögen und ihren ganzen Besitz mussten sie an den Orden abgeben, der es dann unter anderem für wohltätige Zwecke verwandte. In diesem Orden gab es einige aus heutiger Sicht sonderbare Regeln und Vorschriften. So durften die Essäer etwa keine Münzen bei sich tragen und es war ihnen verboten, durch ein Tor zu gehen, das bemalt war oder in dessen Nähe Bilder waren. Weil die Essäer äußerlich durchaus anerkannt waren, wurden in Jerusalem auch unbemalte Tore gemacht, so dass auch sie die Stadt betreten konnten.

Unter den Essäern hatte sich die prophetische Anschauung herausgebildet, dass die Welt nur dann ihren richtigen Fortgang nehmen könnte, wenn eine weise Seele erstehe, die wie eine Art Messias wirken müsse. Daher hielten sie immer wieder Umschau nach besonders weisen Seelen. Als sie Kunde von der großen Weisheit in der Seele des Jesus von Nazareth erhielten, waren sie tief berührt. So war es dann auch nicht verwunderlich, dass sie ihn in den äußeren Kreis des Ordens aufnahmen, ohne ihm die üblichen Prüfungen aufzuerlegen.

In den folgenden Jahren – bis zu seinem achtundzwanzigsten Lebensjahr und ein wenig darüber hinaus – kam es zu einem regen Gedankenaustausch zwischen Jesus und den Essäern. Er lernte in dieser Zeit fast alles, was der Orden zu geben hatte. Hier hörte er viel, viel Tieferes über die vom Hebräertum bewahrten Geheimnisse, als er es früher von den Schriftgelehrten vernommen hatte. Er hörte auch manches, was ihm bereits selbst in der Seele als Erkenntnis aufgegangen war. Was ihm nicht durch Worte gegeben wurde, stellte sich ihm als gewaltige hellsichtige Impressionen dar. In einer besonders bedeutenden Impression erschien dem Jesus, der wie entrückt war, Buddha wie in unmittelbarer Gegenwart. Zwischen beiden fand ein Geistgespräch statt, für das Rudolf Steiner aus der Akasha-Chronik den Wortlaut dessen, was Buddha sagte, wie folgt in die deutsche Sprache übersetzt hat: »*Wenn meine Lehre so, wie ich sie gelehrt habe, völlig in Erfüllung gehen würde, dann müßten alle Menschen den Essäern gleich werden. Das aber kann nicht sein. Das war der Irrtum in meiner Lehre. Auch die Essäer können sich nur weiter fortbringen, indem sie sich aussondern von der übrigen Menschheit; für sie müssen übrige Menschenseelen da sein. Durch die Erfüllung meiner Lehre müßten lauter Essäer entstehen. Das aber kann nicht sein.*«[39]

Ein anderes einschneidendes Erlebnis, das Jesus von Nazareth bei den Essäern hatte, war, dass er dort einen jungen, etwa gleichaltrigen Mann traf. Dieser ließ sich von den Lehren der Essäer inspirieren, ohne die Lehre des Judentums vollständig aufzugeben. Daher war er auch kein Mitglied, sondern – wie man heute im klösterlichen Umfeld sagen würde – ein Laienbruder. Dieser Mann war kein anderer als *Johannes der Täufer*. Zwischen ihm und Jesus fanden viele Gespräche statt. Bei einem dieser Gespräche sah Jesus die physische Leiblichkeit des Täufers wie entschwunden und statt dessen in einer Vision die Geistgestalt des *Elias*. Wie wir im Grunde dem 17. Kapitel, Vers 12 des Matthäus-Evangeliums entnehmen können, war Johannes ja der wiedergeborene Elias.

Schon seit geraumer Zeit hatte Jesus von Nazareth etwas Besonderes beobachten können: Wenn er an einen Ort kam, an dem bildlose Tore waren, so musste er beim Durchgang eine bittere Erfahrung machen. Für seinen hellseherischen Blick waren die Tore nicht ohne Bilder. Er sah zu beiden Seiten immer die Widersacher, Luzifer und Ahriman. Ihm wurde mehr und mehr klar, woher die Abneigung der Essäer gegen die bebilderten Tore rührte, dass die Bilder etwas mit dem Herbeizaubern dieser Widersacherwesen zu tun hatten. Ihm wurde bewusst, dass ein Geheimnis zwischen diesen geistigen Wesen und den Essäern waltete. Das, was er an den Essäertoren erlebte, führte dazu, dass er sich mit den Essäern nicht mehr so gut verständigen konnte.

Als er eines Tages das Tor des Hauptgebäudes der Essäer verließ, traf er auf die Gestalten, von denen er wusste, dass es sich um Luzifer und Ahriman handelte. Er sah, wie sie vor dem Tore des Essäerklosters flohen. Ihm wurde bewusst, dass die Heiligkeit des Klosters der Essäer sie zur Flucht veranlasst hatte. In seiner Seele lebte sich die Frage ein: *Wohin* fliehen sie? Diese Frage brannte wie Feuer in seiner Seele. Sie ließ ihn nicht mehr los. Das war das dritte bedeutsame Erlebnis, das Jesus in seiner Seele ergriff.

Jesus konnte über all diese Dinge, die ihn sehr bewegten und unendlich traurig stimmten nur mit seiner Mutter, die ja eigentlich seine Stiefmutter war, reden. Die beiden pflegten ein außerordentlich herzliches und innigliches Verhältnis.

Eines Tages, als Jesus von Nazareth in seinem dreißigsten Lebensjahr war, kam es zu einem sehr bedeutsamen Gespräch der beiden. Jesus erzählte ihr in diesem von seinen

Erlebnissen und Erkenntnissen. Ihm war jetzt klar, dass die Essäer durch ihre Lebensweise und durch ihre Geheimlehre sich selber vor Luzifer und Ahriman schützten, so dass sie vor ihren Toren fliehen mussten. Aber dadurch wurden sie gewissermaßen zu den übrigen Menschen geschickt. Die Essäer konnten nur glücklich auf Kosten der anderen werden. Ihm wurde bewusst, dass es der allgemeinen Menschheit weder auf die Weise der Juden noch der Heiden noch der Essäer möglich ist, sich mit der göttlich-geistigen Welt zu verbinden.

»Dies Wort schlug furchtbar ein in die Seele der liebenden Mutter. Er war während dieses ganzen Gespräches vereint mit ihr, wie eins mit ihr. Die ganze Seele, das ganze Ich des Jesus von Nazareth lag in diesen Worten. Und hier möchte ich anknüpfen an ein Geheimnis, welches stattfand vor der Johannestaufe in diesem Gespräch mit der Mutter: Es ging etwas weg von Jesus zu dieser Mutter hinüber. Nicht nur in Worten rang sich das alles los von seiner Seele, sondern weil er so innig mit ihr vereint war seit seinem zwölften Jahre, ging mit seinen Worten sein ganzes Wesen zu ihr über, und er wurde jetzt so, daß er wie außer sich gekommen war, wie wenn ihm sein Ich weggekommen war. Die Mutter aber hatte ein neues Ich, das sich in sie hineinversenkt hatte, erlangt: sie war eine neue Persönlichkeit geworden. Und forscht man nach, versucht man herauszubekommen, was da geschah, so stellt sich folgendes Merkwürdige heraus. Der ganze furchtbare Schmerz, das furchtbare Leid des Jesus, das aus seiner Seele sich losrang, ergoß sich hinein in die Seele der Mutter und sie fühlte sich wie eins mit ihm. Jesus aber fühlte, als ob alles, was seit seinem zwölften Jahre in ihm lebte, fortgegangen wäre während dieses Gespräches. Je mehr er davon sprach, desto mehr wurde die Mutter voll von all der Weisheit, die in ihm lebte. Und alle die Erlebnisse, die seit seinem zwölften Jahre in ihm gelebt hatten, sie lebten jetzt auf in der Seele der liebenden Mutter! Aber von ihm waren sie wie hingeschwunden; er hatte gleichsam in die Seele, in das Herz der

Mutter dasjenige hineingelegt, was er selber erlebt hatte seit seinem zwölften Jahre. Dadurch wandelte sich die Seele der Mutter um. Wie verwandelt war auch er seit jenem Gespräche, so verwandelt, daß die Brüder oder Stiefbrüder und die anderen Verwandten, die in seiner Umgebung waren, die Meinung bekamen, er hätte den Verstand verloren. Wie schade, sagten sie, er wußte so viel; er war ja immer sehr schweigsam, jetzt aber ist er völlig von Sinnen gekommen, jetzt hat er den Verstand verloren! - Man sah ihn als einen Verlorenen an.«[40]

Tagelang ging Jesus wie traumhaft im Hause umher. Sein Zarathustra-Ich war im Begriffe, die leiblichen Hüllen zu verlassen und wieder in die geistige Welt zu gehen.

Wie durch einen inneren Drang, wie durch eine innere Notwendigkeit getrieben, bewegte er sich nach ein paar Tagen wie ferngesteuert aus dem Hause fort und ging zum Jordan, zu dem ihm bereits bekannten Johannes dem Täufer.

10 Die Menschwerdung Christi

Das herausragende Ereignis, von dem nun die Rede sein soll, ist jedem gläubigen Christen und jedem Bibelleser bekannt: Jesus ließ sich am Jordan von Johannes dem Täufer taufen. Allerdings wissen die weitaus meisten nicht, dass es sich dabei um etwas höchst Bedeutsames handelte. Das, was die katholische Kirche hierzu zu sagen hat, sind lediglich ein paar wohlklingende Floskeln und Halbwahrheiten, wie man etwa ihrem Katechismus entnehmen kann: »*Um die Gerechtigkeit ganz zu erfüllen, hat sich unser Herr freiwillig der Taufe durch Johannes, die für Sünder bestimmt war, unterzogen.*«[41]

Heute ist ja kaum noch bekannt, was der Sinn dieses vorchristlichen Taufrituals war und wie dieses vor sich ging. Um was es sich dabei handelte, soll hier in aller Kürze geschildert werden.

Johannes war begnadet zu erkennen, dass es nur noch eine ganz kurze Zeit dauern werde, bis der verheißene Messias, der Christus, auf die Erde herabsteigen werde. Die Menschen der damaligen Zeit, die ihr ganzes Sinnen und Streben fast ausschließlich auf die materielle Welt richteten, sollten von diesem welthistorischen Ereignis Kunde erhalten. So forderte Johannes sie in seinen Predigten dazu auf, ihren Sinn zu ändern. Das Entscheidende war aber die Taufe. Hierbei tauchte er den Täufling ganz unter Wasser, nicht nur für ein paar Sekunden, sondern für einige Minuten. Es musste solange dauern, bis dieser dem Tod durch Ertrinken schon sehr nahe kam. Dadurch löste oder lockerte sich sein Ätherleib, wodurch es dem Täufling möglich wurde, einen gewissen Einblick in die geistige Welt und zumindest eine Ahnung von dem großen bevorstehenden Ereignis zu bekommen.[42] Dass es bei der Taufe Jesu allerdings um etwas *ganz anderes* ging, geht schon aus den Evangelien hervor. Nicht umsonst wollte Johannes Jesus zunächst daran hindern, sich von ihm taufen zu lassen.[43] Dann sagt Jesus: *»Laß es jetzt geschehen; denn es gebührt uns, alles zu erfüllen, was die Heilsordnung vorgesehen hat.«* [44]

Diese Formulierung lässt bereits erahnen, dass mit der Taufe Jesu ein ganz außergewöhnliches Ereignis von höchster Tragweite bevorstand. Dass dieses Geschehnis eine herausragende Bedeutung hatte, kann man auch daran ablesen, dass die Stimme des Vatergottes vom Himmel ertönt. Es ist nur eine von drei Stellen im gesamten Neuen Testament, an der der Vatergott spricht. Andererseits gehört die Taufe zu den eher wenigen Begebenheiten, über die alle vier Evangelisten berichten. Ihre Schilderungen sind sogar weitestgehend deckungsgleich. So schildern sie von zwei bedeutsamen Erscheinungen, welche von ihnen hellseherisch imaginativ und inspirativ wahrgenommen werden konnten, die auftraten, nachdem Jesus von Johannes getauft worden war, das heißt wieder aus dem Wasser des Jordans auftauchte. Zum einen kam etwas Geistiges, das der imaginativen Wahrnehmung wie eine weiße Taube erschien, vom Himmel herab und blieb auf Jesus. Johannes schreibt: *»Ich habe geschaut, wie der Geist herabkam vom Himmel gleich einer Taube und auf ihm blieb.«*[45]. Die drei anderen Evangelisten schildern das im Grunde identisch.

Zum anderen ertönte eine Stimme vom Himmel. Davon berichten nur die drei Synoptiker, also Matthäus, Markus und Lukas. Was diese Stimme, die zweifelsohne dem Vatergott zuzuordnen ist, sagte, wird bei Matthäus[46] und Markus[47] so wiedergegeben: *»Dieser ist mein geliebter Sohn, in dem ich mich offenbare.«* Lukas schreibt: *»Mein Sohn bist du. Heute habe ich dich gezeuget.«* [48]

Es ist wirklich mit Händen zu greifen, dass bei der Taufe Jesu etwas ganz Außergewöhnliches, etwas ganz Einmaliges geschehen sein muss, etwas, was niemals zuvor geschehen ist und auch nie wieder geschehen wird!

Was war nun wirklich geschehen? Der Zarathustra hatte in den leiblichen Hüllen des Jesus von Nazareth seine Mission erfüllt. Kurz vor der Taufe verließ sein Ich den Körper des Jesus und ging in die geistige Welt. Da er auf einer solchen Entwicklungshöhe stand, war es ihm möglich, sein Ich aus den drei unteren Leibern herauszuholen, und diese als vollkommen heile und intakte Hüllen zurückzulassen.

Diese Leiblichkeit war jetzt so reif, so vollendet, so veredelt, dass sie zu einem tragfähigen Gefäß für den Christus-Geist geworden war. Alle die so unfassbar komplizierten Verrichtungen bei den beiden Jesusknaben und deren Verschmelzung zu einem Wesen, dem Jesus von Nazareth, in dem das Ich des großen Menschheitsführers Zarathustra lebte und wirkte, waren dazu vonnöten. Nur so konnte es möglich werden, dass sich das unfassbar hohe Christus-Ich in diese Hüllen einsenken konnte, ohne dass diese regelrecht verglüht wären oder sich aufgelöst hätten.

Der Christus, der zuvor nie in einem physischen Leib war, hätte sich niemals so wie ein Mensch in dem Leib eines Kindes inkarnieren können. Er bedurfte dazu einer ganz speziellen Leiblichkeit, ganz besonderer und gereifter Hüllen, die erst durch ein sehr hochentwickeltes Ich vorbereitet werden mussten. Somit kann man auch nicht von einer »Inkarnation« sprechen. Man könnte es »Inkorporation« nennen. Es war also nicht so wie bei anderen Individualitäten, die sich ihre leiblichen Hüllen im Vorgeburtlichen unter Mitwirkung hoher geistiger Wesen selber veranlagen. Der Christus senkte sich in die Leiblichkeit, die der Jesus von Nazareth vorbereitet hatte.

Es kam zur großen Zeiten*wende*. Die neue und heute noch übliche *Zeitrechnung* geht auf die Geburt der beiden Jesuskinder, die 30 Jahre vor der Menschwerdung Christi zur Welt kamen, zurück. Eigentlich müsste man sagen, dass wir heute das Jahr 2020 nach *Jesus* und nicht nach *Christus* schreiben. Die heutige Zeitrechnung basiert auf den Berechnungen des Geburtsjahres Jesu, die der Mönch *Dionysus Exiguus* anno 525 aus Angaben des Alten und Neuen Testaments durchgeführt hatte. Erst im 11. Jahrhundert wurde diese Rechnung von der römisch-katholischen Kirche eingesetzt. In dieser Zeit hatte man es aber schon verlernt, zwischen Jesus und Christus zu unterscheiden.

Nach der Taufe am Jordan konnte der Christus als Gottessohn *und* Menschensohn auf der Erde wandeln. Das makrokosmische Christus-Ich sprach drei Jahre lang durch den Jesuskörper. Diese Menschwerdung Gottes wird im Christentum am 6. Januar als »Epiphaniasfest« gefeiert. Volkstümlich wird dieser Tag als »Dreikönigsfest« bezeichnet.

Von nun an haben wir nicht mehr den Jesus von Nazareth vor uns, sondern den *Christus-Jesus* oder *Jesus Christus*, das Ich bzw. der Geist des Christus in den drei Leibern (physischer Leib, Ätherleib und Astralleib) des Jesus von Nazareth. Der Christus war und ist der einzige Gott, der jemals in einen physischen Leib einzog. Schon mit dieser Menschwerdung vollbrachte der Christus ein großes Opfer, ein Opfer, das Voraussetzung für das große Opfer auf Golgatha war und das Er zu seiner eigenen Entwicklung nicht benötigt hätte. Der eine oder andere Leser mag vielleicht irritiert sein, dass auch so ein unfassbar hohes Gotteswesen eine Entwicklung durchläuft. Ja, es gibt nichts im gesamten Kosmos, was sich nicht in einem permanenten Entwicklungsprozess befände. Im Weltgeschehen gibt es niemals einen Stillstand!

Dieser Vorgang, dass das Christus-Ich in die Leiblichkeit des Jesus von Nazareth eingezogen ist, wird in den Evangelien durch das Herabsteigen der weißen Taube sowie die Worte des Vatergottes (*»Mein Sohn bist du. Heute habe ich dich gezeuget.«*) angedeutet.

Der Name »Christus-Jesus« kann nur dann einen Sinn ergeben, wenn man eine göttliche *und* eine menschliche Natur annimmt, die nur dadurch, dass sie ganz real zusammenwirken, dass sie eine ganz reale organische Einheit bilden, begriffen werden können.

Über das Wesen und Wirken des Christus und insbesondere über seine große Opfer-Liebestat auf Golgatha habe ich in meinem Buch »*Das Christus-Mysterium und die Mission des Jesus von Nazareth*« geschrieben. In diesem Werk wird auch dargestellt, wie man heute ein ganz konkretes Verständnis für die Auferstehung Christi gewinnen kann.

Wir wollen noch kurz die Frage aufwerfen, wie es mit dem Ich, also der Individualität des Zarathustra weitergegangen ist, nachdem dieses kurz vor der Taufe den Leib des Jesus von Nazareth verlassen hatte und in die geistige Welt ging. Dass eine so unfassbar hoch entwickelte Individualität auch später zu außergewöhnlichen Missionen – man könnte durchaus auch von Opfertaten sprechen – befähigt war, liegt auf der Hand.

Zarathustra baute sich später mit dem veredelten Ätherleib des nathanischen Jesusknaben, der erhalten geblieben war, immer wieder einen neuen physischen Leib auf, um sich erneut inkarnieren zu können. In dieser Gestalt wirkt er jeweils als »*Meister Jesus*« und setzt sich zur Aufgabe, die christliche Geistesströmung auf der Erde zu inspirieren.

Seit dem 14. Jahrhundert inkarniert er sich ebenso wie ein anderer Meister, *Christian Rosenkreuz*, in jedem Jahrhundert. Die beiden wechseln sich mit ihrem Erscheinen auf der Erde ab. Sie wirken meistens im Verborgenen und werden von der Masse der Menschen nicht in ihrer wahren Wesenheit und Bedeutung erkannt.

Es gibt im Übrigen noch weitere Meister, zu denen auch Rudolf Steiner gehört, die zur Unterweisung und Führung der Menschheit berufen sind, was hier aber nicht näher ausgeführt werden soll.

In der Zeitenwende
Trat das Welten-Geistes-Licht
In den irdischen Wesensstrom;
Nachtdunkel hatte ausgewaltet,
Taghelles Licht
Erstrahlte in Menschenseelen

Rudolf Steiner[49]

Anhang

Rudolf Steiner und seine Anthroposophie

Der wohl höchste Eingeweihte, der in der neueren Zeit im Abendland aufgetreten ist, war *Rudolf Steiner*, der Begründer der *Anthroposophie*. Da viele Ausführungen in diesem Buch ganz wesentlich auf seinen Aussagen und Forschungsergebnissen basieren, soll er hier in aller Kürze vorgestellt werden.

Rudolf Steiner wurde am 25. Februar 1861 in Kraljevec (damals Österreich-Ungarn) geboren. Schon in seiner Kindheit, die er an verschiedenen Orten Österreichs verbrachte, erlebte er, dass sich ihm eine übersinnliche Welt eröffnete, die, wie er bald erkennen musste, für alle anderen Menschen aus seinem Umfeld nicht vorhanden war. Über seine reichhaltigen übersinnlichen Erfahrungen und Erlebnisse hüllte er sich aber vier Jahrzehnte lang in Schweigen. In seinen späteren Lebensjahren sagte er einmal, dass es ein okkultes Gesetz gebe, dass man über geistige Erkenntnisse erst dann öffentlich reden dürfe, nachdem man alles, was andere an solchen Erkenntnissen schon aufgenommen und dargestellt haben, selbst aufgenommen und verarbeitet habe. Schnell erkannte er, dass man alle Erscheinungen und Tatsachen der physischen Welt nur dann im wahren Licht sehen könne, wenn man ihre Ursachen und Hintergründe kennt, die man ausschließlich in geistigen Welten finden könne.

Nach dem Abitur studierte Rudolf Steiner von 1879 bis 1882 an der Technischen Hochschule in Wien Mathematik, Naturwissenschaft, Literatur, Philosophie und Geschichte. Zehn Jahre später promovierte er zum Doktor der Philosophie an der Universität Rostock.

Er musste sich die Frage vorlegen, wie seine übersinnlichen Einsichten und Erkenntnisse mit den naturwissenschaftlichen Methoden und Ansichten, die das Bewusstsein der modernen Menschen beherrschten, zu vereinbaren seien.

Zunächst knüpfte er an die bis dahin nur wenig gewürdigten Erkenntnis-Ansätze in Goethes naturwissenschaftlichen Schriften an, bevor er mit der Darstellung seiner eigenen Erkenntnistheorie begann, die 1894 mit der Fertigstellung seines Werkes »Philosophie der Freiheit« ihren Abschluss fand. Mit dieser rein philosophischen Arbeit, in der er noch nicht auf irgendwelche okkulte Tatbestände Bezug nahm, zeigte er einen Weg auf, der die moderne Wissenschaft zur Anerkennung des Übersinnlichen führen könnte.

Erst nach vielen Studien und vorbereitenden Tätigkeiten beendete er kurz nach der Jahrhundertwende im Alter von nun 40 Jahren sein Schweigen über seine übersinnlichen Erfahrungen und Erkenntnisse. Zunächst fand er nur in den Reihen der 1875 von *Helena Petrowna Blavatsky*, geb. *Hahn* und *H. St. Olcott* begründeten »Theosophischen Gesellschaft« eine geeignete Zuhörerschaft. Steiner wahrte stets seine völlige Selbständigkeit und stellte im Gegensatz zur üblichen theosophischen Lehre das »Christus-Ereignis« als den Mittelpunkt des Weltgeschehens dar. 1913 trennte er sich von der Theosophischen Gesellschaft und gründete die *Anthroposophische Gesellschaft*. Nun konnte er seine geistige Unabhängigkeit und Selbständigkeit auch im Äußeren bewahren. In der Zwischenzeit hatte er eine Reihe von Büchern geschrieben, in denen er seine geistigen Forschungsergebnisse der Öffentlichkeit zugänglich machte.

Das Arbeitspensum, das er sich von nun an bis an sein Lebensende auferlegte, übersteigt das menschliche Vorstellungsvermögen. Dabei wurde er von der Einsicht angetrieben, dass es eine Notwendigkeit der gegenwärtigen Zeit sei, gesicherte geistige Erkenntnisse in die Welt zu bringen. Neben seinen weiteren permanenten Forschungen in der geistigen Welt und unzähligen anderen Betätigungen und Verpflichtungen fuhr er zu Vortragsreisen durch ganz Europa.

Insgesamt hat er rund 6.000 Vorträge gehalten, in denen er seine umfassenden übersinnlichen Erkenntnisse und Forschungsergebnisse darstellte. Die Vorträge, die der breiten Öffentlichkeit zugänglich waren, wurden zum Teil von bis zu 1.000 Menschen besucht. Über intime Erkenntnisse sprach er nur im Kreise der Anthroposophischen Gesellschaft, wo er davon ausgehen konnte, dass die Zuhörer schon durch andere Vorträge oder Kurse für diese Themen vorbereitet waren.

Dutzende seiner Vorträge hielt er für bestimmte Berufsgruppen, die ihn darum baten, zu ihnen zu sprechen: Ärzte, Lehrer, Theologen, Landwirte usw. Hier sorgte er immer wieder mit seinem höchst erstaunlichen Fachwissen für Verwunderung. Neben allen seinen sonstigen Verpflichtungen nahm sich Rudolf Steiner in seinen letzten Lebensjahren noch nahezu täglich die Zeit, unzählig vielen Menschen, die mit ihren kleinen und großen Sorgen zu ihm kamen, Rat zu geben.

Dass es in der heutigen Zeit sehr schwierig ist, die Heilige Schrift richtig lesen und verstehen zu können, haben wir schon erörtert. Hier ist es gerade die Geisteswissenschaft Rudolf Steiners, die wieder zu einem rechten Verständnis der Bibel führen kann. Steiner ist bei all seinen Forschungen nie von den religiösen Urkunden *ausgegangen*. Erst jeweils im Nachhinein fand er die Resultate seiner Geistesschau sowie seines ›Lesens‹ *in der* Akasha-Chronik, für das er genau wie die Autoren der Bibel begnadet war, durch die Texte dieser Urkunden bestätigt. In einigen Fällen sah er sich veranlasst, Bibelverse etwas zu modifizieren oder neue Erkenntnisse hinzuzufügen. Somit hat er einen neuen Zugang zum Verständnis der Bibel erschlossen.

Rudolf Steiner starb am 30. März 1925 in Dornach (Schweiz). Er hinterließ ein so umfassendes Lebenswerk, dass es noch Jahrhunderte dauern wird, bis es in seiner Gänze und all seinen Auswirkungen von der Menschheit überschaut und hinreichend gewürdigt werden kann. Zu seiner Hinterlassenschaft gehören etliche von ihm geschriebene Werke und mehr als 300 Bücher, die mittlerweile herausgegeben worden sind und Mitschriften seines Vortragswerkes darstellen. Mit seiner Anthroposophie hat er der Welt etwas Einzigartiges vermacht.

Dass Rudolf Steiner gerade zu Beginn des 20. Jahrhunderts von der geistigen Welt beauftragt wurde, den Menschen die Geisteswissenschaft zu bringen, ist gewiss kein ›Zufall‹. Im Jahre 1899 endete das sogenannte »Kali Yuga«, das »Finstere Zeitalter«, wie es in allen okkulten Traditionen genannt wird. Dieses Menschheitszeitalter dauerte insgesamt etwa 5.000 Jahre. In dieser Zeitspanne war es wichtig, dass der ›Schleier‹, der die geistige Welt von der Erdenwelt trennt, immer dichter, immer undurchsichtiger wurde. Die Menschen sollten immer mehr vor die Aufgabe gestellt werden, die Erde zu bearbeiten und die gesamte physische Welt zu verstehen. Somit musste auch das alte Hellsehen, das zuvor noch eine ganz natürliche menschliche Fähigkeit war, nach und nach verloren gehen. Die Menschen mussten von den Göttern unabhängig werden und ihre Selbständigkeit und Verstandeskräfte erringen.

Dazu war es auch notwendig, dass die Naturwissenschaften in die Welt kamen. Vor rund 2.400 Jahren war es *Aristoteles*, der mit seiner Begründung der *Logik* die Voraussetzungen bzw. Grundlagen für eine präzise und folgerichtige Erforschung der Natur schuf. Die Naturwissenschaften erreichten im 19. Jahrhundert ihren ersten großen Höhepunkt. Nun, nach Ablauf des Kali Yuga, wurde es notwendig, dass auch eine geistige Wissenschaft in die Welt kam.

Das war die gewaltige Lebensaufgabe Rudolf Steiners. Seine Anthroposophie ist keine okkulte Lehre im herkömmlichen Sinne. Sie verbindet das, was man über das Sinnliche wissen kann, mit dem, was an Erkenntnissen nur aus geistigen Welten geholt werden kann. Anthroposophie stellt gewissermaßen die *Synthese* zwischen den Lehren der großen christlichen Kirchen (These) und denen der Wissenschaften (Antithese) dar. Im Gegensatz zu den anderen Wissenschaftlern war Steiner einer, der die Grenze, welche die übersinnliche von der sinnlichen Welt trennt, zu überschreiten vermochte. Seine Darstellungen sind daher nicht nur wissenschaftlich, sondern *über*-wissenschaftlich. Somit kann die Anthroposophie auch mit Recht als »Geistes*wissenschaft*« bezeichnet werden. Sie ist eine ebenso präzise Geisteswissenschaft wie die Mathematik.

Rudolf Steiner sprach sich immer wieder entschieden gegen Dogmatismus aus, weil er jedwede Form von autoritativen Belehrungen als unzulässigen Eingriff in die menschliche Freiheit ansah. Daher wollte er für seine Anhänger auch niemals als ›Guru‹ gelten, dem man alle Aussagen nur aufgrund seiner persönlichen Autorität abnehmen sollte. Er forderte vielmehr immer wieder auf, seine Schilderungen mit allen zur Verfügung stehenden Mitteln kritisch zu hinterfragen und zu überprüfen. Die Lehren der Anthroposophie stehen weder im Widerspruch zu den Erkenntnissen der modernen Naturwissenschaften noch zu den Lehren des Christentums. Sie machen ganz im Gegenteil letztere erst so recht verständlich. Die Anthroposophie vermag es somit, die heute so große Kluft zwischen Wissen und Glauben zu überbrücken.

Es gibt heute im Übrigen eine ganze Reihe von Errungenschaften und Einrichtungen, die aus der Anthroposophie geflossen sind. Diese sind zumeist von Rudolf Steiner selbst begründet worden. Zumindest aber stand er denjenigen, die als Gründer auftraten, mit Rat und Tat zur Seite. Hierzu sind insbesondere die *Waldorfpädagogik* und die *Waldorfschulen*, die *anthroposophisch orientierte Medizin*, die *Eurythmie*, der *biologisch-dynamische Anbau* in der Landwirtschaft und die *Christengemeinschaft* (Bewegung für religiöse Erneuerung) zu zählen.

Quellennachweis

Bei den Werken Rudolf Steiners sind im Quellennachweis die offiziellen Nummern der Gesamtausgabe (GA-Nr.) verwendet worden. Die kompletten Angaben zu allen Werken, soweit sie für dieses Buch relevant waren, finden Sie im Literaturverzeichnis.

1 GA 343, S. 510
2 Lukas 1, 28
3 Lukas 1, 30ff.
4 Lukas 1, 35f.
5 Lukas 1, 38
6 Lukas 2, 10f.
7 Lukas 2, 14
8 Lukas 2, 29f.
9 Matthäus 1, 20f.
10 Matthäus 2, 8f.
11 Matthäus 2, 13
12 Matthäus 2, 20
13 Lukas 1, 26 – 38 und 2, 1 – 35
14 Matthäus 1, 18 – 25 und 2, 1 – 23
15 Lukas 3, 23 – 38 bzw. Matthäus 1, 1 – 17
16 Über die Wesensglieder des Menschen hat Rudolf Steiner sehr häufig geschrieben und gesprochen; siehe etwa GA 9, S. 24ff. und GA 13, S. 41f.
17 vgl. GA 175, S. 172
18 Über die zwei Jesusknaben sowie über Jesus von Nazareth hat Rudolf Steiner sehr häufig – insbesondere in GA 15, GA 109, GA 114, GA 117, GA 123, GA 131, GA 142, GA 148 und GA 264 – geschrieben bzw. gesprochen.
19 GA 142, S. 117
20 1. Mose 3, 1ff.
21 GA 163, S. 69f.
22 Lukas 1, 34
23 Lukas 2, 29ff.
24 vgl. GA 117, S. 122f.
25 Matthäus 2, 1ff.
26 vgl. GA 114, S. 102

27 GA 123, S. 115
28 GA 264, S. 227
29 GA 123, S. 70
30 Lukas 2, 41ff.
31 GA 114, S. 110
32 GA 123, S. 125
33 GA 15, S. 74f.
34 vgl. Johannes 21, 25
35 GA 148, S. 57
36 GA 148, S. 58
37 GA 148, S. 60
38 GA 148, S. 66
39 GA 148, S. 69
40 GA 148, S. 83f.
41 *»Katechismus der katholischen Kirche«*, Nr. 1224, S. 343
42 vgl. von Halle, Judith: *Vom Mysterium des Lazarus und der drei Johannes*, Verlag für Anthroposophie (2009), S. 184
43 vgl. Matthäus 3, 14
44 Matthäus 3, 15
45 Johannes 1, 32
46 Matthäus 3, 17
47 Markus 1, 11
48 Lukas 3, 22
49 GA 268, S. 266

Literaturverzeichnis

Werke von Rudolf Steiner

Alle Werke von Rudolf Steiner wurden herausgegeben von der *»Rudolf Steiner-Nachlassverwaltung«* und sind im *»Rudolf Steiner Verlag«*, Dornach/Schweiz erschienen. Dort kann auch der *»Katalog des Gesamtwerks«* angefordert werden.

Die bisher im Rahmen der Gesamtausgabe des Werkes Rudolf Steiners erschienenen Bücher sind durch die »Freie Verwaltung des Nachlasses von Rudolf Steiner« im Internet unter

http://www.fvn-rs.net

frei verfügbar. (Stand 01.10.2020)

Im Folgenden sind nur diejenigen Werke aufgeführt, die der Verfasser für dieses Buch herangezogen hat.

GA	9	*Theosophie – Einführung in übersinnliche Welterkenntnis und Menschenbestimmung* (2000)
GA	13	*Die Geheimwissenschaft im Umriss* (1989)
GA	15	*Die geistige Führung des Menschen und der Menschheit* (1987)
GA	109	*Das Prinzip der spirituellen Ökonomie im Zusammenhang mit Wiederverkörperungsfragen* (2000)
GA	114	*Das Lukas-Evangelium* (2001)
GA	117	*Die tieferen Geheimnisse des Menschheitswerdens im Lichte der Evangelien* (1986)
GA	123	*Das Matthäus-Evangelium* (1988)
GA	131	*Von Jesus zu Christus* (1988)
GA	142	*Die Bhagavad Gita und die Paulusbriefe* (1982)
GA	148	*Aus der Akasha-Forschung – Das fünfte Evangelium* (1992)
GA	163	*Zufall, Notwendigkeit und Vorsehung* (1986)
GA	175	*Bausteine zu einer Erkenntnis des Mysteriums von Golgatha* (1996)
GA	264	*Zur Geschichte und aus den Inhalten der ersten Abteilung der Esoterischen Schule 1904 – 1914; Briefe, Rundbriefe, Dokumente* (1996)
GA	268	*Mantrische Sprüche – Seelenübungen Band II (1999)*
GA	343	*Vorträge und Kurse über christlich-religiöses Wirken II* (1993)

Ein paar Buchempfehlungen über Werk und Leben Rudolf Steiners:

1. Steiner, Rudolf: *Mein Lebensgang.* (GA 28)
2. van Emmichoven, F. W. Zeylmans: *Rudolf Steiner.* Stuttgart: Freies Geistesleben (o.J.)
3. von Halle, Judith: *Rudolf Steiner – Meister der weißen Loge.* Dornach: Verlag für Anthroposophie (2011)
4. Mees, L. F. C.: *Wie Rudolf Steiner sprach – Erinnerungen an Selbst-Erlebtes und Gehörtes.* Basel: Die Pforte (1988)

**Umfassende Informationen
zu vielen weiteren spannenden und
informativen *spirituellen* Büchern
(Sachbücher, Erzählungen,
Biografien und Kurzgeschichten)
mit ausführlichen Leseproben
finden Sie auf der
offiziellen Autoren-Website:**

www.Justen-Buecher.com

Ingram Content Group UK Ltd.
Milton Keynes UK
UKHW020649150523
421757UK00015B/726